Inhoudsopgave

1. Inleiding 2
2. Hoofdstuk Eén: Doelen Stellen en Gezamenlijke Visie 3
3. Hoofdstuk Twee: Strategische en Tactische Planning 29
4. Hoofdstuk Drie: Opbouwen van een Cultuur van Effectieve Communicatie 40
5. Hoofdstuk Vier: Effectieve Taakverdeling 51
6. Hoofdstuk Vijf: Continu Opleiden en Ontwikkelen 64
7. Hoofdstuk Zes: Motivatie en Verantwoordelijkheid 71
8. Hoofdstuk Zeven: Continu Verbeteren en Innoveren 87
9. Hoofdstuk Acht: Aanpassing en Reactie op Veranderingen 94
10. Hoofdstuk Negen: Leidinggeven door Voorbeeld 104
11. Hoofdstuk Tien: Deelname en Collectieve Besluitvorming 109
12. Hoofdstuk Elf: Ontwikkeling van een Samenwerkende Werkomgeving 122
13. Hoofdstuk Twaalf: Regelmatige Prestatiebeoordeling 136
14. Hoofdstuk Dertien: Duurzaamheid en Maatschappelijke Verantwoordelijkheid 149
15. Hoofdstuk Veertien: Geleerde Lessen en Toekomstvisie 158
16. Conclusie 161

Inleiding

In een wereld die snel verandert, zijn bedrijven en individuen het middelpunt van voortdurende transformatie en vernieuwing geworden. Vandaag de dag leeft ieder van ons in een samenleving die wordt gekenmerkt door dynamiek en veelvoudige uitdagingen, wat de ontwikkeling van toekomstvisies vereist die zijn gebaseerd op ervaringen en voortdurend leren. Dit boek presenteert een reis vol met prestaties en uitdagingen, verweven met waardevolle lessen uit echte ervaringen die het belang van innovatie, aanpassing en duurzaamheid benadrukken bij het bouwen van een welvarende toekomst.

Door diverse onderwerpen te behandelen zoals effectieve communicatie, culturele diversiteit en duurzame innovatie, neemt dit boek ons mee op een verkenningstocht die laat zien hoe we uitdagingen kunnen overwinnen en kansen kunnen benutten om een helderdere en duurzamere toekomst te creëren.

Hoofdstuk Eén: Doelen en Gezamenlijke Visie Bepalen

Het Probleem Ontdekken

Toen Adam de functie van CEO bij "Tech Excel" op zich nam, begon hij de huidige situatie van het bedrijf grondig te onderzoeken. Hij wilde de redenen begrijpen die hebben geleid tot de achteruitgang van de prestaties van het bedrijf en het verlies van haar positie op de markt. Adam hield een reeks individuele vergaderingen met managers en medewerkers om informatie te verzamelen en de uitdagingen waarmee ze werden geconfronteerd te begrijpen.

Vergadering met Leila, Financieel Directeur:
Tijdens een van de vergaderingen met Leila ontdekte Adam dat er grote discrepanties waren in de budgetten die aan de projecten waren toegewezen. Leila zei: "We hebben veel projecten, maar er is geen duidelijke visie over hoe we de middelen moeten verdelen. Iedereen werkt aan korte-termijndoelen zonder na te denken over de grotere strategie."

Vergadering met Kareem, Marketingdirecteur:
Tijdens zijn vergadering met Kareem hoorde Adam dat de marketingteams aan inconsistente campagnes werkten die op verschillende markten waren gericht zonder duidelijke richting. "Elk team denkt dat het weet wat het beste is, maar we missen een gezamenlijke visie om onze inspanningen te coördineren. Het resultaat is dat we de focus verliezen en klanten geen consistent beeld van ons merk zien," legde Kareem uit.

Vergadering met Sara, HR-Manager:
Tijdens zijn ontmoeting met Sara ontdekte Adam dat er een gebrek aan motivatie onder de medewerkers heerste. Sara zei: "De medewerkers voelen zich gefrustreerd door het ontbreken van duidelijke doelen. Ze weten niet hoe hun inspanningen bijdragen aan het algemene succes van het bedrijf. Er is veel onduidelijkheid en verwarring."

Vergadering met Youssef, Technisch Directeur:
In zijn ontmoeting met Youssef realiseerde Adam zich dat het technologieteam werkte aan de ontwikkeling van geavanceerde technologieën die niet overeenkwamen met de huidige markteisen. "We steken veel moeite in de ontwikkeling van technologieën die momenteel niet belangrijk zijn voor klanten. We hebben een duidelijke visie nodig om ons onderzoek en ontwikkeling te sturen," legde Youssef uit.

Data-analyse:
Na deze bijeenkomsten vroeg Adam het analyseteam om gegevens te verzamelen over de prestaties van eerdere en huidige projecten. De gegevens toonden aanzienlijke discrepanties in de projectresultaten en vele hadden hun verwachte doelen niet bereikt. Het was duidelijk dat het bedrijf een uniforme strategische richting miste.

Eerste Vergadering
De Knoop en de Uitdagingen
Adam hield een vergadering met het leiderschapsteam, waartoe de belangrijkste managers van het bedrijf behoorden: Sarah, HR-manager; Karim, marketingmanager; Leila, financieel manager; en Youssef, technologiemanager, om zijn observaties en conclusies te delen.

Adam: "Welkom allemaal. Bedankt dat jullie vandaag hier zijn. Ik wilde enkele belangrijke zaken bespreken over de visie van het bedrijf en onze gezamenlijke doelen. Laten we beginnen met een simpele vraag. Wat is de huidige visie van het bedrijf?"

Sarah: "Ik geloof dat onze visie is om het toonaangevende bedrijf in geavanceerde technologie te worden."

Karim: "Ja, maar ik zie onze visie meer gericht op het bieden van innovatieve marketingoplossingen voor kleine en middelgrote bedrijven."

Leila: "Vanuit mijn perspectief draait de visie om het bereiken van financiële duurzaamheid en duurzame groei."

Youssef: "Voor mij is onze visie om voorop te lopen in technologische innovatie en hoogwaardige producten te leveren."

Adam: "Ik zie dat er een conflict is in de visies. Het lijkt erop dat we een eenduidige visie missen. Laten we doorgaan naar de volgende vraag. Wat zijn de doelen die we willen bereiken?"

Sarah: "Onze doelen hebben betrekking op het verbeteren van de werknemerservaring en het ontwikkelen van hun vaardigheden."

Karim: "Onze marketingdoelen zijn om het marktaandeel met 15% te verhogen in het komende jaar."

Leila: "Ons financiële doel is om de rendementen op investeringen te verbeteren en de uitgaven te verminderen."

Youssef: "We streven ernaar aanzienlijke vooruitgang te boeken in de ontwikkeling van onze nieuwe producten en deze voor het einde van het jaar op de markt te brengen."

Adam: "Opnieuw merk ik dat er een verschil is in de doelen. Het lijkt erop dat de verschillende teams verschillende doelen nastreven. De laatste vraag: hoe stemmen de inspanningen van de verschillende teams op elkaar af om deze doelen te bereiken?"

Sarah: "We werken aan het verbeteren van de werkomgeving en het aanbieden van trainingsprogramma's."

Karim: "We richten ons op marketingcampagnes en strategische partnerschappen."

Leila: "We monitoren de uitgaven en zoeken naar nieuwe investeringsmogelijkheden."

Youssef: "We werken aan productontwikkeling en kwaliteitsverbetering."

Adam: "Dank jullie allemaal voor jullie bijdragen. Het is duidelijk dat we verschillende visies en doelen hebben. Dit conflict bevestigt voor mij dat het bedrijf een eenduidige visie en gemeenschappelijke doelen mist. Als we 'Tech Excel' weer op zijn marktpositie willen brengen, moeten we ons verenigen onder één visie en gemeenschappelijke doelen. Dit is geen optie, maar een noodzaak. We moeten samenwerken om een omvattende visie vast te stellen die is afgestemd op onze doelen en strategische richtingen."

Sarah: "Ik denk dat we een speciale sessie nodig hebben om deze visie en doelen te definiëren."

Karim: "Ik ben het met je eens, Sarah. We moeten ervoor zorgen dat alle teams naar dezelfde doelen toewerken."

Leila: "Ja, en dit zal ons helpen de coördinatie tussen de verschillende afdelingen te verbeteren."

Youssef: "Precies. Als we een duidelijke visie en gemeenschappelijke doelen hebben, kunnen we veel betere resultaten behalen."

Adam: "Laten we dan een speciale werksessie plannen waarin we ons concentreren op het definiëren van de visie van het bedrijf en de gemeenschappelijke doelen. We moeten eruit komen met een eenduidige visie en duidelijke doelen waaraan alle teams kunnen werken."

Allen: "Akkoord."

Visuele Presentatie

Adam gebruikte een visuele presentatie om te laten zien hoe een duidelijke visie het team kan leiden en helpen succes te behalen. Hij toonde voorbeelden van succesvolle bedrijven en hoe een uniforme visie bijdroeg aan hun succes. Hij legde ook het verschil uit tussen werken aan verspreide projecten en werken met een uniforme visie en duidelijke doelen.

Discussie en Uitdagingen

In het begin waren er enkele bedenkingen. Sarah wees erop dat medewerkers zich bezorgd kunnen voelen over de nieuwe veranderingen. Karim voegde eraan toe dat de markt snel verandert en dat onze visie flexibel moet zijn.

Adam antwoordde: "Ik begrijp jullie zorgen, maar zonder duidelijke richting zullen we doelloos blijven bewegen. We moeten bereid zijn ons aan te passen, maar we moeten ergens beginnen."

Na een lange discussie stemde het team ermee in om te beginnen met het ontwikkelen van een gedeelde visie en strategische doelen.

Sarah: "Ik denk dat we een speciale sessie nodig hebben om deze visie en doelen te definiëren."

Karim: "Ik ben het met je eens, Sarah. We moeten ervoor zorgen dat alle teams naar dezelfde doelen toewerken."

Leila: "Ja, en dat zal ons helpen de coördinatie tussen de verschillende afdelingen te verbeteren."

Youssef: "Precies. Als we een duidelijke visie en gedeelde doelen hebben, kunnen we veel betere resultaten behalen."

Adam: "Laten we dan een speciale werksessie plannen gericht op het definiëren van de bedrijfsvisie en de gedeelde doelen. We moeten daaruit komen met een uniforme visie en duidelijke doelen waar alle teams aan kunnen werken."

Allen: "Mee eens."

Vaststelling van de Visie

Werksessies

Er werden intensieve werksessies georganiseerd waarbij alle teamleden deelnamen aan het vaststellen van de visie en doelen. Het doel was om ideeën te verzamelen en consensus te bereiken over de toekomstige visie van het bedrijf. Deze sessies waren interactief en omvatten brainstormoefeningen en uitgebreide discussies over de kernwaarden die belangrijk zijn voor het bedrijf en wat het team op de lange termijn wil bereiken.

Adam: "Welkom bij deze intensieve sessies. Ons doel vandaag is om een eenduidige visie en doelen voor het bedrijf vast te stellen. Laten we beginnen met een brainstormoefening. Ik wil dat ieder van jullie zijn of haar visie op de toekomst en de kernwaarden deelt die volgens jullie belangrijk zijn voor het bedrijf."

Sarah: "Voor mij zou een van de kernwaarden moeten zijn om ons te richten op de ontwikkeling van de vaardigheden en capaciteiten van onze medewerkers. Dit zal ons helpen om een sterk en samenhangend team op te bouwen."

Karim: "Ik ben het met je eens, Sarah. Maar vanuit mijn perspectief geloof ik dat innovatie centraal moet staan in onze visie. We moeten onze klanten innovatieve oplossingen bieden om ons op de markt te onderscheiden."

Leila: "Ik ben het met jullie beiden eens, maar we moeten ons ook richten op financiële duurzaamheid. We moeten ervoor zorgen dat al onze beslissingen duurzame groei ondersteunen en financiële risico's minimaliseren."

Youssef: "Ik geloof dat kwaliteit de kernwaarde is. Als we ons richten op het leveren van hoogwaardige producten, zullen we het vertrouwen van onze klanten winnen en op lange termijn succes behalen."

Adam: "Dat zijn geweldige ideeën. Laten we nu praten over de toekomstige visie. Hoe zien jullie het bedrijf over vijf jaar?"

Sarah: "Ik zie het bedrijf als een leider in het bieden van een ideale werkomgeving, waar elke medewerker geniet van zijn werk en vooruitgaat in zijn carrière."

Karim: "En ik zie het bedrijf aan de voorhoede van technologische innovatie, met een sterke aanwezigheid op de wereldmarkten."

Leila: "Ik streef ernaar dat we een financieel stabiel bedrijf zijn, met een divers product- en dienstenaanbod dat duurzame winsten behaalt."

Youssef: "En ik zie dat we bekend moeten staan om de kwaliteit van onze producten en diensten, met een brede en loyale klantenbasis."

Adam: "Uitstekend. Laten we nu werken aan het integreren van deze ideeën in een eenduidige visie. Hoe kunnen we een visie formuleren die al deze aspecten omvat?"

Sarah: "Misschien kunnen we zeggen: 'Leidende innovatie in de technologiesector en het bieden van oplossingen die voldoen aan en de verwachtingen van klanten overtreffen.'"

Karim: "Ik vind dit goed. Het is een uitgebreide visie die innovatie, kwaliteit en klanttevredenheid combineert."

Leila: "Mee eens. En dit omvat ook indirect het financiële aspect, door te voldoen aan de verwachtingen van klanten op innovatieve manieren."

Youssef: "Ik geloof dat dit een geïntegreerde visie is. Het omvat innovatie, kwaliteit, professionele ontwikkeling en financiële duurzaamheid."

Adam: "Geweldig. We hebben nu een nieuwe visie: 'Leidende innovatie in de technologiesector en het bieden van oplossingen die voldoen aan en de verwachtingen van klanten overtreffen.' Deze visie zal onze noordster zijn die ons naar de toekomst leidt. Laten we nu deze visie omzetten in praktische doelen."

Sarah: "Ik stel voor dat we een doel hebben om het niveau van training en ontwikkeling jaarlijks met 20% te verbeteren."

Karim: "En we kunnen het doel stellen om ons marktaandeel in de komende twee jaar met 15% te vergroten."

Leila: "En ik geloof dat we een jaarlijkse winstgroeipercentage van minstens 10% moeten nastreven."

Hala: "In public relations geloof ik dat we het doel moeten hebben om de klanttevredenheid in het komende jaar met 20% te verbeteren en het algemene imago van het bedrijf te verbeteren door middel van effectieve PR-campagnes. We moeten ook een uitstekend klantenservicesysteem ontwikkelen dat snel en efficiënt voldoet aan de verwachtingen van klanten."

Youssef: "En ik zou een doel toevoegen om de kwaliteit van onze producten te verbeteren, met een foutpercentage van minder dan 2%."

Adam: "Dit zijn geweldige doelen. Laten we beginnen met het ontwikkelen van een actieplan om deze doelen te bereiken. We zullen de verantwoordelijkheden en benodigde middelen voor elk doel vaststellen en de voortgang regelmatig volgen."

Sarah: "Dit is een uitstekend begin, Adam. Ik ben enthousiast om aan de realisatie van deze visie en doelen te werken."

Karim: "Ik ook. Laten we beginnen met werken en deze doelen samen bereiken."

Adam: "Bedankt allemaal voor jullie actieve deelname. Ik ben ervan overtuigd dat onze samenwerking zal resulteren in groot succes voor het bedrijf. Maar we moeten deze doelen delen met elk team in het bedrijf en deze bespreken om de inzet en motivatie van iedereen te garanderen."

De Nieuwe Visie

Uiteindelijk kwamen ze tot een nieuwe visie die erop gericht is om "Innovatie in de technologiesector te leiden en oplossingen te bieden die voldoen aan de behoeften van klanten en hun verwachtingen overtreffen." Adam en het leiderschapsteam beperkten zich echter niet tot het zelf stellen van de doelen; ze zorgden ervoor dat elk team in het bedrijf werd betrokken om ieders betrokkenheid en motivatie te waarborgen. Ze hielden bijeenkomsten met elke afdeling om de doelen te bespreken en hoe elk team kon bijdragen aan het bereiken ervan. Deze actieve deelname vergrootte het verantwoordelijkheidsgevoel en het gevoel van verbondenheid onder de werknemers.

De Visie omzetten in Praktische Doelen:

Na het definiëren van de visie, gingen Adam en zijn team over naar de volgende stap: het omzetten van deze visie in haalbare strategische doelen. Dit werd gedaan door middel van verschillende vergaderingen met elke afdeling.

Vergadering van de Personeelsafdeling

Adam: "Hallo allemaal. We zijn hier vandaag om de nieuwe visie en doelen te bespreken die we voor het bedrijf hebben vastgesteld. Ik wil graag dat we bespreken hoe de personeelsafdeling kan bijdragen aan het bereiken van deze doelen. Sarah, kun je beginnen met een overzicht van de visie en doelen?"

Sarah: "Natuurlijk, Adam. Onze visie is 'Innovatie leiden in de technologiesector en oplossingen bieden die voldoen aan en de verwachtingen van klanten overtreffen.' Om deze visie te bereiken, hebben we verschillende strategische doelen gesteld, waaronder het verbeteren van het niveau van training en ontwikkeling met 20% per jaar."

Adam: "Dat klopt. Nu wil ik graag van jullie allemaal horen. Hoe denken jullie dat de personeelsafdeling kan bijdragen aan het bereiken van dit doel?"

Mohammed: "Ik denk dat we nieuwe trainingsprogramma's moeten ontwikkelen die gericht zijn op innovatie en moderne technologieën. We kunnen externe experts inschakelen om enkele geavanceerde cursussen te geven."

Maryam: "Ja, en we kunnen ook interne trainingssessies aanbieden waarin ervaren medewerkers hun kennis delen met het team. Dit zal helpen om de interne communicatie en kennisoverdracht te verbeteren."

Ali: "Ik geloof dat we ons moeten concentreren op het ontwikkelen van leiderschaps- en managementvaardigheden bij nieuwe medewerkers. We kunnen speciale trainingsprogramma's ontwerpen voor potentiële toekomstige leiders."

Sarah: "Dit zijn geweldige ideeën. Daarnaast kunnen we technologie gebruiken om de trainingservaring te verbeteren, zoals het gebruik van e-learning platforms en online training."

Adam: "Ik ben blij om deze innovatieve ideeën te horen. Het is belangrijk dat we ervoor zorgen dat alle trainingsprogramma's in lijn zijn met de visie van het bedrijf en onze strategische doelen ondersteunen. Sarah, kun je deze inspanningen coördineren en een duidelijk actieplan ontwikkelen om dit doel te bereiken?"

Sarah: "Natuurlijk, Adam. Ik zal met het team samenwerken om een actieplan te ontwikkelen dat al deze ideeën omvat en onmiddellijk beginnen met de implementatie."

Adam: "Geweldig. Ik wil ook dat we een systeem opzetten om onze voortgang te meten en het gewenste doel te bereiken. We kunnen Key Performance Indicators (KPI's) vaststellen en deze regelmatig monitoren."

Mohammed: "We kunnen periodieke rapporten gebruiken om de effectiviteit van de trainingsprogramma's te meten en verbeteringen in de prestaties van de medewerkers te evalueren."

Maryam: "En we kunnen ook regelmatig feedback van de medewerkers verzamelen over de trainingsprogramma's om ervoor te zorgen dat we aan hun behoeften en verwachtingen voldoen."

Adam: "Uitstekend. Laten we dus beginnen met het werken aan deze ideeën en ervoor zorgen dat de personeelsafdeling effectief bijdraagt aan het bereiken van de visie en doelen van het bedrijf. Bedankt allemaal voor jullie enthousiasme en toewijding."

Allen: "Dank je, Adam. We zijn klaar om te beginnen."

Vergadering van de Financiële Afdeling

Adam: "Hallo allemaal. Bedankt dat jullie hier vandaag zijn. Zoals jullie weten, werken we eraan om onze nieuwe visie te verwezenlijken: 'Leiden in innovatie in de technologie-industrie en oplossingen bieden die aan de behoeften van klanten voldoen en hun verwachtingen overtreffen.' Om deze visie te bereiken, hebben we een reeks strategische doelen gesteld. Leila, kun je een overzicht geven van de financiële doelen die we willen bereiken?"

Leila: "Zeker, Adam. Onder de doelen die we hebben gesteld, streven we naar een jaarlijkse winstgroei van minstens 10% en het waarborgen van een sterke financiële duurzaamheid. We moeten ons richten op het verbeteren van de financiële efficiëntie en een betere beheer van de middelen."

Adam: "Geweldig. Nu wil ik van jullie allemaal horen. Hoe kan de financiële afdeling effectief bijdragen aan het bereiken van deze doelen?"

Ahmed: "Ik denk dat we onze financiële analyseprocessen moeten verbeteren. We kunnen geavanceerde analysetools gebruiken om kansen en risico's beter te identificeren."

Fatima: "Ja, en we kunnen ook de operationele kosten herzien en gebieden identificeren waar we de uitgaven kunnen verminderen zonder de kwaliteit van het werk te compromitteren."

Khaled: "We kunnen ook de samenwerking tussen afdelingen verbeteren om ervoor te zorgen dat alle financiële beslissingen in lijn zijn met de strategische doelen van het bedrijf. Misschien kunnen we trainingsworkshops aanbieden aan andere afdelingen over budgetbeheer en financiering."

Leila: "Dit zijn goede ideeën. We kunnen ook ons kasbeheer verbeteren om ervoor te zorgen dat we voldoende liquiditeit hebben om op noodsituaties te reageren. Daarnaast kunnen we werken aan het verbeteren van de nauwkeurigheid van onze financiële prognoses."

Adam: "Uitstekend. Het is erg belangrijk dat we een geïntegreerd financieel plan hebben dat alle aspecten van onze visie ondersteunt. Leila, kun jij de inspanningen coördineren en een actieplan ontwikkelen om deze doelen te bereiken?"

Leila: "Zeker, Adam. Ik zal met het team samenwerken om een plan te ontwikkelen dat uitgavenanalyse, verbetering van de financiële efficiëntie en bevordering van samenwerking tussen de afdelingen omvat. We zullen de voortgang regelmatig monitoren en periodieke rapporten voorbereiden."

Ahmed: "We kunnen ook een systeem ontwikkelen om de financiële prestatie-indicatoren (KPI's) bij te houden om ervoor te zorgen dat de doelen effectief worden bereikt."

Fatima: "Ik stel voor om regelmatig vergaderingen te houden om de financiële prestaties te beoordelen en mogelijke uitdagingen vroegtijdig te identificeren."

Adam: "Geweldig idee. Laten we dus aan de slag gaan met deze ideeën en ervoor zorgen dat de financiële afdeling een sleutelrol speelt bij het realiseren van de bedrijfsvisie. Bedankt allemaal voor jullie inzet en toewijding."

Iedereen: "Bedankt, Adam. We zijn klaar om te beginnen."

Vergadering van de Marketingafdeling

Adam: "Hallo allemaal. Ik ben blij jullie vandaag te zien. We zijn hier om te bespreken hoe de marketingafdeling kan bijdragen aan het bereiken van onze nieuwe visie 'Leiden van innovatie in de technologie-industrie en het leveren van oplossingen die voldoen aan en de verwachtingen van klanten overtreffen.' Karim, kun je een overzicht geven van de marketingdoelen die we willen bereiken?"

Karim: "Natuurlijk, Adam. We streven ernaar ons marktaandeel met 15% te vergroten in de komende twee jaar en het wereldwijde merkbewustzijn te vergroten. We willen ook innovatieve marketingcampagnes ontwikkelen die nieuwe klanten aantrekken en bestaande klanten behouden."

Adam: "Geweldig. Nu wil ik jullie allemaal horen. Hoe denken jullie dat de marketingafdeling effectief kan bijdragen aan het bereiken van deze doelen?"

Nada: "Ik geloof dat we meer kunnen profiteren van digitale marketing. We kunnen onze aanwezigheid op sociale mediaplatforms verbeteren en de interactie met het publiek vergroten door middel van onderscheidende en boeiende inhoud."

Omar: "Ja, en we kunnen ook advertentiecampagnes ontwikkelen die zich richten op nieuwe markten. We kunnen gegevens gebruiken om het gedrag van klanten te analyseren en nieuwe groeimogelijkheden te identificeren."

Maya: "We zien ook een kans in samenwerking met digitale influencers die onze producten op innovatieve manieren kunnen promoten en een breed publiek kunnen bereiken."

Karim: "Dit zijn geweldige ideeën. We kunnen ook online evenementen en webinars organiseren om onze nieuwe technologieën en innovatieve oplossingen te presenteren, wat onze aanwezigheid zal versterken en de interesse van klanten in onze producten zal vergroten."

Adam: "Uitstekende ideeën. Het is belangrijk dat we creatief zijn in onze marketingstrategieën. Karim, kun je deze inspanningen coördineren en een gedetailleerd actieplan ontwikkelen om deze doelen te bereiken?"

Karim: "Absoluut, Adam. Ik zal met het team samenwerken om een uitgebreid plan te ontwikkelen dat al deze ideeën omvat. We zullen ons richten op het verbeteren van onze marketingcampagnes en het vergroten van onze interactie met zowel huidige als potentiële klanten."

Nada: "We kunnen ook regelmatige rapporten verstrekken om de prestaties van de campagnes te volgen en ze indien nodig aan te passen om de effectiviteit te maximaliseren."

Omar: "Ik stel voor een intern team op te richten om continu marketinggegevens te analyseren en aanbevelingen te doen voor prestatieverbetering."

Adam: "Uitstekend idee, Omar. Laten we ervoor zorgen dat al onze beslissingen gebaseerd zijn op nauwkeurige gegevens en diepgaande analyses. Laten we dus beginnen met het implementeren van deze ideeën en ervoor zorgen dat de marketingafdeling een sleutelrol speelt bij het realiseren van onze visie. Dank jullie allemaal voor jullie toewijding en creativiteit."

Iedereen: "Dank je, Adam. We zijn klaar om te beginnen."

Vergadering van de Afdeling Public Relations en Klantenservice

Adam: "Hallo allemaal. Bedankt dat jullie er vandaag zijn. Zoals jullie weten, werken we allemaal aan het verwezenlijken van onze nieuwe visie om 'innovatie in de technologie industrie te leiden en oplossingen te bieden die voldoen aan en de verwachtingen van klanten overtreffen.' Hala, kun je een overzicht geven van de doelen die we willen bereiken in de afdeling Public Relations en Klantenservice?"

Hala: "Zeker, Adam. We streven ernaar om de klanttevredenheid in het komende jaar met 20% te verhogen en het algemene imago van het bedrijf te verbeteren door middel van effectieve public relations-campagnes. We willen ook een uitstekende klantenservice ontwikkelen die snel en efficiënt aan de verwachtingen van de klanten voldoet."

Adam: "Geweldig. Ik wil graag jullie ideeën horen over hoe we deze doelen kunnen bereiken. Hoe kan de afdeling Public Relations en Klantenservice hier effectief aan bijdragen?"

Ahmed: "Ik denk dat we onze communicatiekanalen met klanten moeten verbeteren. We kunnen sociale media effectiever gebruiken om met klanten te communiceren en sneller op hun vragen te reageren."

Laila: "Ja, en we kunnen ook een geïntegreerd Customer Relationship Management (CRM) systeem opzetten dat ons helpt om klantvragen bij te houden en hun problemen effectiever op te lossen."

Khaled: "We kunnen trainingsworkshops organiseren voor het klantenserviceteam om hun vaardigheden in het omgaan met klanten te verbeteren en een uitstekende service te bieden."

Hala: "Dit zijn geweldige ideeën. We kunnen ook public relations-campagnes organiseren die zich richten op de succesverhalen van onze klanten en hoe onze technologieën hun bedrijf hebben verbeterd. Dit zal het imago van het bedrijf verbeteren en het vertrouwen van de klanten vergroten."

Adam: "Uitstekende ideeën. Het is cruciaal dat we een geïntegreerd systeem hebben dat de klanttevredenheid en het imago van het bedrijf verbetert. Hala, kun je deze inspanningen coördineren en een gedetailleerd actieplan ontwikkelen om deze doelen te bereiken?"

Hala: "Natuurlijk, Adam. Ik zal met het team samenwerken om een uitgebreid plan te ontwikkelen dat het verbeteren van communicatiekanalen, het gebruik van CRM en het organiseren van effectieve public relations-campagnes omvat."

Ahmed: "We kunnen ook regelmatige rapporten leveren om de klanttevredenheid te monitoren en hun feedback te analyseren om gebieden te identificeren die verbetering behoeven."

Laila: "Ik stel voor om regelmatig enquêtes uit te voeren om de klanttevredenheid te meten en voortdurend hun feedback te verzamelen."

Adam: "Geweldig idee, Laila. Laten we ervoor zorgen dat we naar onze klanten luisteren en voortdurend werken om aan hun verwachtingen te voldoen. Laten we deze ideeën gaan uitvoeren en ervoor zorgen dat de afdeling Public Relations en Klantenservice een sleutelrol speelt bij het verwezenlijken van onze visie. Dank jullie allemaal voor jullie inzet en toewijding."

Allen: "Dank je, Adam. We zijn klaar om te beginnen."

In deze dialoog wordt getoond hoe afdelingen kunnen bijdragen aan het realiseren van de visie en doelstellingen van het bedrijf, en dezelfde aanpak werd gevolgd met andere afdelingen.

SMART-doelen stellen

Om de visie effectief te implementeren, zorgde Adam ervoor dat de doelen Specifiek, Meetbaar, Haalbaar, Relevant en Tijdgebonden (SMART) waren.

De doelen werden verdeeld in drie hoofdcategorieën:
1. Technologische innovatie: **Ontwikkel innovatieve producten en diensten die echte problemen oplossen en aan marktvraag voldoen.**
2. Marktexpansie: **Nieuwe markten betreden en marktaandeel in bestaande markten vergroten.**
3. Verbetering van de klantervaring: **De beste klantervaring bieden door de kwaliteit van producten en diensten en de klantenondersteuning te verbeteren.**

Implementatie Follow-Up

Na het definiëren van de visie en doelen, begonnen Adam en zijn team in de daaropvolgende maanden met de implementatie ervan in het hele bedrijf. Er werden workshops georganiseerd voor alle medewerkers om de visie en doelen en hoe deze te bereiken, uit te leggen. Er werd ook een uitvoeringsplan opgesteld met duidelijke stappen om de gespecificeerde doelen te bereiken.

Nieuwe Visie, Nieuw Succes

Er werd een doel gesteld om binnen 12 maanden een nieuw product te ontwikkelen, gericht op de opkomende markt en een klanttevredenheid van 90% te bereiken.

Een van de eerste projecten die werden uitgevoerd, was het herontwerpen van de bedrijfswebsite om de nieuwe visie en focus op innovatie weer te geven.

Het resultaat was een toename van 50% in het websiteverkeer en een significante verbetering in de klantinteractie met de nieuwe producten.

Na een periode van het implementeren van de nieuwe visie, stonden Adam en zijn team voor een grote uitdaging.
De aandelen van het bedrijf daalden plotseling door de opkomst van een sterke concurrent op de markt die innovatieve producten aanbiedt tegen concurrerende prijzen.
Deze situatie was een dramatisch keerpunt dat het team dwong om hun strategieën te herzien en zich snel aan te passen aan nieuwe uitdagingen.

Noodsituatievergadering

Adam hield een noodvergadering met het leiderschapsteam om de nieuwe crisis te bespreken. De vergadering begon met een analytische presentatie van de huidige marktsituatie en de impact van de nieuwe concurrent op de aandelen van het bedrijf.
"We hebben hard gewerkt om onze nieuwe visie te realiseren, maar de nieuwe concurrent heeft de situatie tegen ons gekeerd. We hebben een snelle en effectieve reactie nodig om onze marktpositie te behouden," zei Adam serieus.

Complexe Interactie

In het licht van deze uitdaging nam de spanning tussen de managers toe.
Leila maakte zich zorgen over het budget en de impact van de nieuwe veranderingen op de financiële middelen. "Als we nu investeren in nieuwe technologieën, riskeren we het faillissement van het bedrijf. We hebben een conservatievere strategie nodig," zei Leila resoluut.

Aan de andere kant was Youssef enthousiast over het gebruik van nieuwe technologieën om de concurrentie aan te gaan.
"We moeten moedig zijn. Innovatie is wat de klanten weer naar ons zal trekken. Als we nu niet vooruitgaan, missen we de kans," reageerde Youssef gepassioneerd.

Adams Interventie

Adam merkte dat de spanning tussen de managers toenam en dat de onenigheid het besluitvormingsproces zou kunnen verstoren. Hij greep wijs in en benadrukte het belang van eenheid en samenwerking om de crisis te overwinnen.
"We zijn hier niet om te twisten, maar om oplossingen te vinden. We hebben een visie en doelen, en we moeten flexibel zijn in hoe we deze bereiken. Laten we voorzichtigheid en innovatie combineren om stap voor stap vooruit te komen."

Periodieke Evaluatie en Aanpassing

De doelen en de visie waren niet vast en onveranderlijk. Adam stelde een systeem in voor periodieke evaluatie van de doelen, zodat deze konden worden aangepast en bijgewerkt op basis van veranderingen in de markt en de concurrentieomgeving.
Deze flexibiliteit hielp het bedrijf om voorop te blijven en de uitdagingen aan te gaan.

Periodiek Evaluatiesysteem

Adam en zijn team besloten elke drie maanden bijeen te komen om de prestaties te evalueren en de voortgang bij het behalen van de doelen te beoordelen. Key Performance Indicators (KPI's) werden gebruikt om het succes te meten en gebieden te identificeren die verbeterd moesten worden.

"We moeten bereid zijn onze koers te wijzigen als dat nodig is. De markt verandert snel en we moeten flexibel zijn en ons kunnen aanpassen aan deze veranderingen," zei Adam in een van de periodieke vergaderingen.

Aanpassingsresultaten
Dankzij deze periodieke evaluaties kon het bedrijf zich snel aanpassen aan nieuwe uitdagingen. Sommige projecten werden bijvoorbeeld aangepast om aan te sluiten bij nieuwe markttrends en projecten die niet langer levensvatbaar waren, werden geannuleerd. Deze flexibiliteit en aanpassingsvermogen hielpen het bedrijf zijn evenwicht te hervinden en opnieuw te groeien. Door samenwerking en teamwork ontwikkelde het team nieuwe strategieën en vulde het marktkloof.
De aandelen van het bedrijf stegen weer, wat bewees dat "Tech Excel" zich zelfs onder de moeilijkste omstandigheden kon aanpassen en groeien.

Geleerde Lessen:

1. **Belang van een Gedeelde Visie:**
   - Visie is het kompas dat iedereen naar het gemeenschappelijke doel leidt.
   - Het draagt bij aan het verenigen van inspanningen en het verbeteren van teamcoöperatie.
2. **De Visie omzetten in Praktische Doelen:**
   - Doelen moeten specifiek en meetbaar zijn om werkelijke vooruitgang te boeken.
   - SMART-doelen zorgen voor duidelijkheid en organisatie bij het uitvoeren van de visie.
3. **Effectieve Deelname:**
   - Alle leden betrekken bij het stellen van doelen verbetert de betrokkenheid en motivatie.
   - Samenwerking en participatie verhogen het gevoel van saamhorigheid en verantwoordelijkheid.
4. **Flexibiliteit in Aanpassing:**
   - Doelen moeten aanpasbaar zijn op basis van veranderingen in de omgeving.
   - Periodieke beoordelingen zorgen ervoor dat het bedrijf vooruit blijft en in staat is zich aan te passen aan uitdagingen.

Hulpmiddelen en Praktische Oefeningen

Hulpmiddel: Visie- en Doelenkaart

Ontwikkel een Visie- en Doelenkaart die elke afdeling kan gebruiken om ervoor te zorgen dat hun inspanningen in lijn zijn met de algemene visie van het bedrijf.

1. **Visie:** Verduidelijk de algemene visie van het bedrijf.
2. **Strategische Doelen:** Identificeer 3-5 strategische doelen.
3. **Kernprestatie-indicatoren (KPI's):** Identificeer indicatoren om de voortgang richting de doelen te meten.
4. **Kernactiviteiten:** Beschrijf de activiteiten die zullen helpen de doelen te bereiken.

Oefening: Brainstormsessie

Verzamel je team voor een brainstormsessie om de visie en doelen voor je afdeling te definiëren. Gebruik de volgende vragen als leidraad:
- Wat is de strategische richting van het bedrijf?
- Welke doelen moeten worden bereikt om deze visie te realiseren?
- Hoe kunnen we de voortgang meten?

Inspirerende Citaten

"Visie is niet alleen een beeld van wat zou kunnen zijn; het is een beroep op ons betere zelf, een oproep om meer te worden." - Jonathan Swift

"Doelen zijn geen dromen; het zijn plannen met een deadline." - Harvey Mackay

---

Discussievragen

1. Hoe kan een duidelijke visie de teamprestatie beïnvloeden?
2. Welke uitdagingen kunnen zich voordoen bij het proberen een gedeelde visie te creëren?
3. Hoe kunnen we ervoor zorgen dat alle teamleden zich inzetten voor de gedeelde visie en doelen?

Hoofdstuk Twee: Strategische en Tactische Planning

Nadat Adam en zijn team de gedeelde visie en doelen hadden gedefinieerd, was de volgende stap het ontwikkelen van een duidelijk strategisch en tactisch plan om deze doelen te bereiken. Adam besefte dat succes niet kan worden bereikt zonder een goed doordacht en geïntegreerd plan om het bedrijf naar zijn visie te leiden.

Strategische Planningsvergadering

Adam hield een uitgebreide vergadering met het leiderschapsteam om strategische en tactische plannen te bespreken. Alle belangrijke managers waren aanwezig bij de vergadering: Sarah, Kareem, Leila, Youssef, Hala, samen met enkele belangrijke medewerkers uit verschillende afdelingen.

"Nu we onze visie en doelen hebben gedefinieerd, moeten we een duidelijk strategisch plan opstellen om daar te komen. Dit plan zal onze routekaart naar succes zijn," begon Adam de vergadering.

Analyse van de Huidige Situatie

SWOT-analyse

De vergadering begon met een SWOT-analyse sessie (Sterktes, Zwaktes, Kansen, Bedreigingen).

Kareem leidde deze sessie, waarbij het team interne en externe factoren identificeerde en beoordeelde die het bedrijf zouden kunnen beïnvloeden.

- **Sterktes:** Expertise van het team in technologie, goede reputatie van het bedrijf.

- **Zwaktes:** Gebrek aan financiële middelen, ontbreken van bepaalde vaardigheden.
- **Kansen:** Marktexpansie, toenemende vraag naar moderne technologie.
- **Bedreigingen:** Opkomst van nieuwe concurrenten, marktfluctuaties.

"Deze analyse zal ons helpen om onze positie beter te begrijpen en hoe we onze sterke punten kunnen benutten en onze zwakke punten kunnen overwinnen," legde Kareem uit.

Bepalen van Strategische Doelen

Definiëren van Strategische Doelen
Na de SWOT-analyse identificeerde het team de belangrijkste strategische doelen die het bedrijf de komende drie jaar zouden leiden. De doelen waren gebaseerd op de nieuwe visie en marktwensen.

- **Innovatie:** Ontwikkel nieuwe technologieën en producten die aan de behoeften van klanten voldoen.
- **Uitbreiding:** Betreed nieuwe markten en vergroot het marktaandeel.
- **Efficiëntie:** Verbeter interne processen en verhoog de productiviteit.
- **Ontwikkeling:** Investeer in training en ontwikkeling van werknemers.

"We moeten ambitieus maar tegelijkertijd realistisch zijn. Deze doelen zullen ons leiden om onze visie te bereiken,"
benadrukte Adam het belang van het balanceren van ambitie en realisme.

Tactische Planning

Tactische Planning

Na het definiëren van de strategische doelen begonnen de teams met het maken van kortetermijn tactische plannen om deze initiatieven te bereiken. Ze gebruikten een opsplitsingsaanpak om grote doelen om te zetten in kleinere, meer gedetailleerde stappen die binnen specifieke tijdsbestekken konden worden uitgevoerd.

Technologieteam

Youssef: "Oké, we hebben een groot doel om ons technologieplatform te verbeteren om aan de toenemende behoeften van onze klanten te voldoen. Laten we dit doel opdelen in kleinere stappen. Wat stel je voor voor de eerste fase?"

Sarah (Software Engineer): "Ik denk dat we moeten beginnen met het analyseren van feedback en opmerkingen van huidige klanten om gebieden te identificeren die verbetering behoeven. Dit kan de basis vormen voor het stellen van ontwikkelingsprioriteiten."

Ali (Projectmanager): "Uitstekend. We kunnen gegevensanalysetools gebruiken om deze informatie te verzamelen en een uitgebreid rapport op te stellen. Vervolgens kunnen we het werk opdelen in kleinere teams om elke nieuwe functie afzonderlijk te ontwikkelen."

Youssef: "Ik ben het met jullie eens. Laten we in de eerste week beginnen met het verzamelen en analyseren van gegevens, en daarna de volgende twee weken wijden aan het ontwikkelen van de meest gevraagde functies."

Marketingteam

Karim: "We moeten ons marktaandeel in de komende twee jaar met 15% verhogen. Hoe kunnen we dit grote doel omzetten in uitvoerbare stappen?"

Nada (Manager Digitale Marketing): "We kunnen een uitgebreide marketingcampagne op sociale media starten die nieuwe markten aanspreekt. We moeten deze campagne in fasen opsplitsen, te beginnen met bewustwording, vervolgens betrokkenheid en ten slotte conversie."

Omar (Marketinganalist): "Ik stel ook voor om gebruik te maken van marketinganalyses om de doelgroep nauwkeurig te identificeren en advertenties effectief op hen te richten."

Karim: "Uitstekend. Laten we beginnen met de eerste fase van de campagne, namelijk de bewustwordingsfase. We wijden de eerste maand aan het creëren van aantrekkelijke inhoud en het plaatsen ervan op alle sociale kanalen. Daarna gaan we verder met de betrokkenheidsfase."

Financieel Team

Layla: "Ons doel is om de financiële efficiëntie te verbeteren en de middelen beter te beheren. Hoe kunnen we dit opdelen in uitvoerbare stappen?"

Ahmed (Accountant): "We kunnen beginnen met het herzien en analyseren van de huidige uitgaven om gebieden te identificeren waar we kosten kunnen besparen zonder de kwaliteit van het werk te beïnvloeden."

Fatima (Manager Financiële Analyse): "Ja, en we kunnen ook een systeem ontwikkelen om de financiële prestaties regelmatig te monitoren en maandelijkse rapporten te verstrekken die ons in staat stellen de voortgang te volgen en financiële doelen te bereiken."

Layla: "Geweldig. Laten we de komende twee weken besteden aan het herzien en analyseren van uitgaven en daarna beginnen met het opzetten van het monitorsysteem en het verstrekken van maandelijkse rapporten."

Klantenserviceteam

Hala: "Ons doel is om de klanttevredenheid met 20% te verbeteren. Hoe kunnen we dit bereiken door middel van specifieke stappen?"

Khaled (Klantenservicemedewerker): "We kunnen beginnen met het verbeteren van het Customer Relationship Management (CRM) systeem om alle klantvragen te volgen en hun problemen sneller op te lossen."

Maya (Training Manager): "Bovendien kunnen we trainingsworkshops organiseren voor het klantenserviceteam om hun vaardigheden in het omgaan met klanten te verbeteren en uitstekende service te bieden."

Hala: "Uitstekend idee. Laten we beginnen met het updaten van het CRM-systeem in de eerste maand en vervolgens de trainingsworkshops organiseren in de volgende maand."

Op deze manier breken de teams grote strategische doelen op in kleine, uitvoerbare tactische stappen, waardoor ze hun doelen op een georganiseerde en efficiënte manier binnen de gespecificeerde tijdsperioden kunnen bereiken.

Yusuf leidde de tactische planningssessie voor het technologieteam:
- Ontwikkelen van een roadmap voor nieuwe technologieën, prioriteit geven aan onderzoek en ontwikkeling.

Layla leidde de planningssessie voor het financiële team:
- Het maken van een gedetailleerd budget voor nieuwe projecten, het bepalen van de benodigde financiële middelen.

Karim leidde de planningssessie voor het marketingteam:
- Ontwerpen van marketingcampagnes gericht op nieuwe markten, het versterken van het merk.

Sarah leidde de planningssessie voor het HR-team:
- Ontwikkelen van nieuwe trainingsprogramma's, het verbeteren van wervingsstrategieën.

"Tactische planning is hoe we onze strategische doelen bereiken. Elk team moet zijn rol kennen en efficiënt streven om deze te bereiken," zei Adam.

Beheer en Toewijzing van Middelen
Een cruciaal aspect van tactische planning was de effectieve toewijzing van middelen. Adam zorgde ervoor dat alle teams de nodige middelen (financieel, menselijk, technisch) hadden om hun plannen uit te voeren. Hij beoordeelde en verdeelde de budgetten op basis van prioriteiten.

Tijdschema's Opstellen en Verantwoordelijkheden Toewijzen
Adam en zijn team stelden duidelijke tijdschema's op voor elke stap van de tactische plannen en wezen verantwoordelijkheden toe aan elk teamlid. Ze gebruikten projectmanagementtools om de voortgang bij te houden en ervoor te zorgen dat deadlines werden gehaald.

- Projectmanagementtools zijn programma's en software die teams en bedrijven helpen bij het plannen, uitvoeren en volgen van de voortgang van projecten. Deze tools bieden een manier om het werk te organiseren, de communicatie te verbeteren en ervoor te zorgen dat deadlines worden gehaald. Enkele van de meest opmerkelijke projectmanagementtools zijn:
    - Trello
    - Asana
    - Jira
    - Microsoft Project
    - Basecamp
    - Smartsheet
    - Redmine
    - Clarizen
    - Monday.com
    - Wrike

Het technologieteam van "Tech Excel" gebruikte een van deze programma's om een nieuw productontwikkelingsproject te organiseren. Ze creëerden een plan dat alle taken omvatte, zoals onderzoek, ontwikkeling, testen en lancering. Taken werden verdeeld onder de teamleden met vastgestelde deadlines voor elke taak.

- **Onderzoek:** Informatie verzamelen en de markt analyseren.
- **Ontwikkeling:** De productprototype bouwen.
- **Testen:** De prototype testen en de kwaliteit waarborgen.
- **Lancering:** De marketingcampagne voorbereiden en het product lanceren.

Door gebruik te maken van het programma kon het team de voortgang gemakkelijk bijhouden, effectief samenwerken en ervoor zorgen dat de deadlines werden gehaald.

Implementatie en Follow-up

De teams begonnen met de uitvoering van de tactische plannen. Adam stelde een periodiek opvolgsysteem in om vooruitgang en doelbereiking te garanderen.

- **Maandelijkse opvolgingsvergaderingen:** Om de voortgang te bespreken, problemen op te lossen en plannen indien nodig aan te passen.
- **Regelmatige prestatieverslagen:** Om de doelbereiking en de belangrijkste prestatie-indicatoren (KPI's) te evalueren.
- **Halfjaarlijkse evaluatiesessies:** Om de algehele prestaties te beoordelen en successen en uitdagingen te identificeren.

Aanpassen aan Veranderingen

"Goede implementatie vereist voortdurende opvolging en constante aanpassingen. We kunnen niet slagen als we niet flexibel zijn en in staat om ons aan te passen", zei Adam tijdens een van de opvolgingsvergaderingen.

Het vermogen om zich aan veranderingen aan te passen was een essentieel onderdeel van de tactische planning. Adam begreep dat de dynamische markt flexibiliteit in planning en uitvoering vereiste.
Daarom was er een systeem om de plannen regelmatig te herzien en aan te passen op basis van markt- en technologieveranderingen.

Met deze stappen kon het technologieteam een nieuw product ontwikkelen met innovatieve technologie, wat de klantloyaliteit verhoogde en aanzienlijke verkopen genereerde.
Ondertussen slaagde het marketingteam erin om een nieuwe markt te betreden, wat leidde tot een toename van 20% in het marktaandeel van het bedrijf.

Adam en zijn team slaagden erin een sterk strategisch en tactisch plan op te stellen, wat "Tech Excel" hielp om vol vertrouwen vooruit te gaan in het bereiken van hun visie en doelen.

Geleerde Lessen:

1. **Strategische Planning Zet Visie om in Realiteit:**
   - Strategische planning helpt grote doelen om te zetten in haalbare initiatieven.
   - SWOT-analyse helpt bij het begrijpen van de huidige situatie en het identificeren van geschikte strategieën.
2. **Tactische Planning Zorgt voor Effectieve Uitvoering:**
   - Tactische plannen zetten grote doelen om in uitvoerbare stappen.
   - Het stellen van duidelijke tijdlijnen en het toewijzen van verantwoordelijkheden zorgt voor georganiseerde inzet en uitvoering.
3. **Efficiënt Middelenbeheer:**
   - Effectieve toewijzing van middelen zorgt ervoor dat teams hebben wat ze nodig hebben om doelen te bereiken.
   - Het herzien van budgetten en het prioriteren van toewijzingen verhoogt de uitvoeringsefficiëntie.
4. **Regelmatige Opvolging en Aanpassing aan Veranderingen:**
   - Regelmatige opvolgingsvergaderingen helpen om het momentum te behouden.
   - Het vermogen om zich aan veranderingen aan te passen, zorgt voor continu succes en voorkomt falen.

Praktische Tools en Oefeningen
Tool: Strategisch Plan Sjabloon

1. **Visie:** Beschrijf de algemene visie van het bedrijf.
2. **Strategische Doelen:** Identificeer 3-5 belangrijke strategische doelen.
3. **Interne en Externe Analyse:** Gebruik SWOT-analyse.
4. **Tactische Plannen:** Ontwikkel plannen voor elk team om de doelen te bereiken.
5. **Prestatie-indicatoren:** Bepaal KPI's om de voortgang te volgen.

Oefening: Strategische Planning Workshop

Verzamel je team in een workshop om strategische doelen te identificeren en tactische plannen te ontwikkelen. Gebruik SWOT-analyse als uitgangspunt en maak vervolgens gedetailleerde plannen voor elk team.

Inspirerende Citaten

"Planning is niet het einde van denken, maar het begin." - Blanchard en Hagler

"Strategie gaat over het maken van keuzes die een unieke positie creëren." - Michael Porter

---

Discussievragen

1. Wat is het belang van strategische planning bij het bereiken van doelen?
2. Hoe kan SWOT-analyse worden gebruikt om effectieve strategieën te identificeren?
3. Welke uitdagingen kunnen zich voordoen in het tactische planningsproces en hoe kunnen deze worden overwonnen?

Hoofdstuk Drie: Het Opbouwen van een Effectieve Communicatiecultuur

Na het vaststellen van de visie, gemeenschappelijke doelen en strategische en tactische plannen, realiseerde Adam zich dat het succes van "Tech Excel" sterk afhankelijk was van effectieve communicatie tussen teamleden.
Het was duidelijk dat er communicatiekloven waren tussen de verschillende teams binnen het bedrijf, wat leidde tot misverstanden en projectvertragingen.

Ontdekken van Communicatiekloven

Het verhaal begon toen Adam rapporten ontving van afdelingsmanagers over onverklaarbare projectvertragingen en verschillen in doelbegrip tussen de verschillende teams. Adam besloot om individuele vergaderingen met elke afdeling te houden om de bron van het probleem te achterhalen. Door deze vergaderingen ontdekte hij dat het ontbreken van effectieve communicatie de hoofdoorzaak van veel problemen was.
Daarom richtte hij zich op het opbouwen van een transparante en open communicatiecultuur.

Het Belang van Effectieve Communicatie
Evaluatie van de Huidige Situatie

Adam hield een workshop waarbij alle medewerkers betrokken waren om de huidige staat van communicatie binnen het bedrijf te beoordelen. Hij vroeg de medewerkers om hun ervaringen en voorbeelden van misverstanden of vertragingen als gevolg van slechte communicatie te delen. Enkele van de problemen waren:

1- Misverstand over Projectvereisten
   In een groot project om een nieuwe applicatie te ontwikkelen, was er een misverstand tussen het

ontwikkelingsteam en het marketingteam over de uiteindelijke vereisten voor de applicatie. Het marketingteam verwachtte enkele extra functies die niet duidelijk aan het ontwikkelingsteam waren gecommuniceerd.
- Geval: Het marketingteam verzocht om de toevoeging van een specifieke functie in de applicatie. Het verzoek werd via een korte en vage e-mail zonder voldoende details verzonden.
- Resultaat: Het ontwikkelingsteam begreep het verzoek verkeerd en begon met het ontwikkelen van een geheel andere functie.
- Impact: De teams ontdekten het probleem pas na enkele weken, wat leidde tot aanzienlijke projectvertragingen en hogere kosten als gevolg van de verspilde tijd aan de verkeerde functie.

2- Vertraging bij de Taakuitvoering door Slechte Communicatie

In een ander project was er een vertraging bij de uitvoering van kritieke taken vanwege slechte communicatie tussen het projectmanagementteam en het technische ondersteuningsteam.
- Geval: Het projectmanagementteam wachtte op het technische ondersteuningsteam om de benodigde infrastructuur op te zetten om aan bepaalde taken te beginnen. Het verzoek werd alleen mondeling gecommuniceerd en niet gedocumenteerd of goed opgevolgd.
- Resultaat: Het technische ondersteuningsteam was zich niet bewust van de hoge prioriteit van de vereiste taken en richtte zich op minder belangrijke taken.
- Impact: Als gevolg hiervan werden de kritieke taken met enkele weken vertraagd, wat leidde tot een vertraging in de algehele projecttijdlijn.

Impact van Slechte Communicatie
- Schemavertragingen: Misverstanden en slechte communicatie leiden tot aanzienlijke vertragingen bij de projectuitvoering.
- Verhoogde Kosten: Herwerken en het corrigeren van fouten door misverstanden leiden tot verhoogde kosten.
- Laag Moreel: Slechte communicatie en misverstanden leiden tot teamfrustratie en laag medewerkersmoreel.

Hoe Deze Situaties te Behandelen
- Documenteer Vereisten: Documenteer alle vereisten en verwachtingen duidelijk en grondig om ervoor te zorgen dat alle partijen begrijpen.
- Regelmatige Vergaderingen: Houd regelmatige vergaderingen om de voortgang te beoordelen en ervoor te zorgen dat iedereen op dezelfde pagina zit.
- Stel Prioriteiten: Stel duidelijk prioriteiten en identificeer kritieke taken om de focus te waarborgen.

Met deze voorbeelden kan het team het belang van effectieve communicatie begrijpen en problemen als gevolg van misverstanden of vertragingen vermijden. Door deze workshop kreeg het team een diepgaand begrip van de problemen waarmee iedereen te maken heeft.

Adam begon met het benadrukken van het belang van effectieve communicatie bij het bereiken van gemeenschappelijke doelen. Adam zei tijdens een leiderschapsteamvergadering: "Zonder effectieve communicatie kunnen we onze doelen niet bereiken.

Goede communicatie verbetert het begrip, bouwt vertrouwen op en helpt ons als één team te werken."
Op basis van hun bevindingen ontwikkelde Adam een uitgebreide strategie om de communicatie te verbeteren.

De strategie richtte zich op drie hoofdgebieden:
1. **Interne Communicatie**:
   - Wekelijkse teamvergaderingen aanmoedigen om de voortgang en mogelijke problemen te bespreken.
   - Gebruik digitale communicatietools zoals projectmanagementtoepassingen en instant messaging-apps om de dagelijkse communicatie te vergemakkelijken.
2. **Interdepartementale Communicatie**:
   - Maandelijkse vergaderingen organiseren waarbij vertegenwoordigers van alle afdelingen samenkomen om gezamenlijke projecten en uitdagingen te bespreken.
   - Gezamenlijke werkgroepen creëren met leden uit verschillende afdelingen om aan grote projecten te werken.
3. **Communicatie met het Topmanagement**:
   - Driemaandelijkse vergaderingen met het topmanagement houden om de voortgang en strategische kwesties te beoordelen.
   - Een direct communicatiekanaal met de CEO opzetten voor vragen en ideeën.

Communicatietools
De juiste communicatietools kiezen
Adam en zijn team besloten een reeks communicatietools te gebruiken om een soepele informatiestroom tussen alle teamleden te garanderen. De tools omvatten:

- Projectmanagementtoepassingen zoals Asana of Trello om taken te organiseren en de voortgang bij te houden.
- Instant messaging-toepassingen zoals Slack om snelle en directe communicatie te bevorderen.
- Virtuele vergadertools zoals Zoom om communicatie tussen teams op afstand te vergemakkelijken.

"We moeten tools kiezen die passen bij onze behoeften en zorgen voor effectieve communicatie," zei Youssef, de technologiemanager.

Regels voor Effectieve Communicatie
Regels voor effectieve communicatie opstellen
Adam besefte dat het verbeteren van tools en structuren niet genoeg is zonder de communicatieve vaardigheden van werknemers te verbeteren. Daarom organiseerde hij een reeks trainingssessies die zich richtten op:

- Actieve luistervaardigheden: Werknemers leren hoe ze aandachtig kunnen luisteren en de problemen en behoeften van anderen kunnen begrijpen.
- Vaardigheden om duidelijk te spreken: Werknemers trainen om hun ideeën duidelijk te uiten en eenvoudige, directe taal te gebruiken.
- Vaardigheden voor conflictoplossing: Technieken aanbieden om conflicten constructief te beheren en escalatie te voorkomen.

"Communicatie betekent niet alleen praten, maar ook luisteren. We moeten goede luisteraars zijn om de problemen en behoeften van ons team te begrijpen," benadrukte Adam.

Hij stelde toen enkele basisregels voor effectieve communicatie vast om ervoor te zorgen dat de communicatie in het bedrijf consistent en duidelijk is:

- Duidelijkheid: Berichten moeten duidelijk en direct zijn.

- Transparantie: Informatie moet eerlijk en zonder verbergen worden gedeeld.
- Tijdigheid: Berichten moeten tijdig zijn om werkvertragingen te voorkomen.
- Actief luisteren: Iedereen moet aandachtig luisteren en constructieve feedback geven.

Regelmatige Communicatiesessies
Regelmatige Communicatiesessies Houden

Om de effectieve communicatie te verbeteren, besloot Adam regelmatige communicatiesessies met het team te houden. Deze sessies omvatten:

- Wekelijkse vergaderingen: Om de voortgang te bespreken en eventuele uitdagingen of problemen te bespreken.
- Een-op-een-gesprekken: Tussen managers en medewerkers om de prestaties te bespreken en begeleiding te geven.
- Communicatieworkshops: Om de communicatievaardigheden van teamleden te verbeteren.

"We moeten communicatie een onderdeel van onze dagelijkse cultuur maken, niet alleen iets dat we doen wanneer er problemen optreden," zei Adam in een van de vergaderingen.

Na een periode van verbeterde communicatie stond het bedrijf voor een grote uitdaging. Er was een defect in een van de producten dat leidde tot klantontevredenheid en een toename van klachten. Deze situatie was een echte test van de effectiviteit van de communicatie van het team.

Complexe Interactie

Tijdens de crisis was er een verschil van mening onder de managers over hoe het probleem aan te pakken.

Adam: "Hallo allemaal. Zoals jullie weten, staan we voor een grote uitdaging door een defect in een van onze producten en een toename van het aantal klachten van klanten. Deze crisis is een echte test voor de effectiviteit van onze interne communicatie en klantenservice. Hala, hoe pakken we deze situatie aan vanuit een public relations- en klantenserviceperspectief?"

Hala: "We moeten transparant en snel in onze reactie zijn. We moeten een officiële verklaring afgeven die het probleem uitlegt en onze excuses aanbiedt aan de getroffen klanten. Daarnaast moeten we een passende compensatie voor de klanten plannen."

Leila: "Ik ben het met je eens, Hala. We moeten de klanten laten zien dat we om hun problemen geven en hun geduld waarderen."

Youssef: "Maar we moeten er ook voor zorgen dat we werken aan een snelle en effectieve oplossing van het technische probleem, zodat het niet opnieuw gebeurt."

Adam: "Ja, Youssef. We moeten beide benaderingen combineren. Hala, hoe kunnen we dit op een geïntegreerde manier uitvoeren?"

Hala: "Ik stel voor dat we beginnen met het afgeven van een officiële verklaring die het probleem uitlegt en een oprechte verontschuldiging aanbiedt. Daarna zullen we beginnen met het individueel contacteren van de getroffen klanten om hen te informeren over de acties die we ondernemen om het probleem op te lossen en hen te compenseren."

Maya (Training Manager): "We kunnen ook trainingsworkshops organiseren voor het klantenserviceteam om hun vaardigheden in het omgaan met klachten en crisismanagement te verbeteren."

Khalid (Klantenservicemedewerker): "Daarnaast kunnen we een database creëren om alle klachten bij te houden en ervoor te zorgen dat elke zaak wordt opgevolgd totdat deze volledig is opgelost."

Adam: "Goed idee, Khalid. Laten we ervoor zorgen dat het klantenserviceteam volledig is uitgerust om deze crisis efficiënt aan te pakken. Kunnen we een gedetailleerd actieplan opstellen dat deze stappen omvat?"

Hala: "Ja, ik zal met het team samenwerken om een plan te maken dat het afgeven van de officiële verklaring, het contacteren van de getroffen klanten en het trainen van het team in crisismanagement omvat."

Leila: "En ik zal werken aan het bepalen van het benodigde budget om de klanten te compenseren en ervoor zorgen dat we voldoende financiële middelen hebben om deze crisis aan te pakken."

Youssef: "En ik zal toezicht houden op het technische team om ervoor te zorgen dat het probleem snel en effectief wordt opgelost en om te voorkomen dat het in de toekomst opnieuw gebeurt."

Adam: "Dank jullie allemaal. Denk eraan, effectieve communicatie en samenwerking zijn wat ons sterker door deze crisis zal helpen. Laten we onmiddellijk beginnen met de uitvoering van dit plan."

Iedereen: "Klaar, Adam."

Na het verbeteren van de communic-cultuur merkte het team een significante verbetering in teamwork en een toename in de productiviteit van de werknemers.

Bijvoorbeeld:

• **Nieuw productontwikkelingsproject:** Dankzij effectieve communicatie werd het project voor de geplande datum voltooid met hoge kwaliteit.

• **Verbetering van de klantenservice:** Dankzij transparantie en goede communicatie werd het aantal klachten verminderd en de klanttevredenheid verhoogd.

Geleerde lessen:

1. **Het belang van effectieve communicatie:**
   o Effectieve communicatie is de ruggengraat van elke succesvolle organisatie.
   o Slechte communicatie leidt tot misverstanden en vertragingen bij de uitvoering van projecten.
2. **Interne communicatie:**
   o Regelmatige vergaderingen en digitale communicatietools bevorderen samenwerking en begrip onder teamleden.
   o Actief luisteren en duidelijk spreken zijn essentiële vaardigheden voor het verbeteren van communicatie.
3. **Communicatie tussen afdelingen:**
   o Gezamenlijke vergaderingen en werkgroepen bevorderen begrip en samenwerking tussen verschillende afdelingen.
   o Het openen van directe communic-kanalen met het senior management bevordert transparantie en vertrouwen.
4. **Training en communic-tools:**
   o Training in communic-vaardigheden draagt bij aan het verbeteren van de teamprestaties.
   o Het gebruik van effectieve communic-tools vergemakkelijkt projectmanagement en dagelijkse communicatie.

Hulpmiddelen en Praktische Oefeningen
Hulpmiddel: Effectief Communicatieplan Sjabloon

1. Doelstellingen Bepalen: **Wat zijn de belangrijkste doelen voor teamcommunicatie?**
2. Hulpmiddelen Kiezen: **Welke hulpmiddelen zullen worden gebruikt voor communicatie?**
3. Regels Vaststellen: **Welke regels zullen de teamcommunicatie sturen?**
4. Regelmatige Evaluatie: **Hoe zal de effectiviteit van de communicatie worden beoordeeld en verbeterd?**

Oefening: Workshop om Communicatievaardigheden te Verbeteren

Verzamel uw team voor een workshop om de communicatievaardigheden te verbeteren. Geef korte lezingen over actief luisteren, transparantie en het geven van constructieve feedback. Verdeel vervolgens het team in kleine groepen om deze vaardigheden te oefenen aan de hand van realistische scenario's.

Inspirerende Citaten

"Communicatie is de levensader van elk succesvol team." - John C. Maxwell

"De beste manier om moeilijkheden te overwinnen is er openlijk over te praten." - Dale Carnegie

Discussievragen

1. Hoe kan de communicatiecultuur in uw team worden verbeterd?
2. Wat zijn de meest effectieve hulpmiddelen om communicatie op het werk te vergemakkelijken?
3. Hoe kunnen conflicten binnen het team constructief worden aangepakt?

Hoofdstuk Vier: Effectief Taken Delegeren

Het delegeren van taken is een van de essentiële elementen voor succes in elke organisatie.
Nadat Adam en zijn team hadden gewerkt aan het verbeteren van de communicatie, was de volgende uitdaging om de efficiëntie van het werk te verhogen door een juiste taakdelegatie.
Adam ontdekte dat sommige managers aarzelden om taken te delegeren uit angst om de controle te verliezen of vanwege een gebrek aan vertrouwen in het vermogen van het team om taken correct uit te voeren. Dit probleem leidde tot burn-out bij de managers en vertragingen in projecten. Hij merkte dat managers te veel tijd besteedden aan operationele taken, wat hun vermogen om zich te concentreren op strategische planning belemmerde. Hij hield een vergadering met het leiderschapsteam om dit probleem te bespreken. Tijdens de vergadering werd duidelijk dat er een aanzienlijke aarzeling was om taken te delegeren en dat managers zich onder druk voelden vanwege de overmatige operationele werklast. Zo realiseerden ze zich dat ze hun vaardigheden in taakdelegatie moesten verbeteren om een efficiënte uitvoering van het werk te garanderen en het belang hiervan voor het verhogen van de productiviteit en de ontwikkeling van medewerkers.

Het Belang van Taken Delegeren

Adam: "Welkom allemaal. Vandaag willen we praten over het taakdelegatieproces en het belang van een juiste verdeling van de werklast. Ik heb enige aarzeling opgemerkt bij het delegeren van taken. Kunnen jullie delen hoe jullie je hierover voelen?"

Laila: "Eerlijk gezegd, Adam, voel ik me angstig als ik sommige kritieke taken delegeer. Ik maak me zorgen dat de kwaliteit wordt aangetast of dat het werk wordt vertraagd."

Yusuf: "Ik voel hetzelfde. We werken aan gevoelige technische projecten en soms denk ik dat het gemakkelijker en veiliger is om de taken zelf uit te voeren in plaats van ze te delegeren."

Adam: "Ik begrijp jullie zorgen volledig. Maar deze extra druk op managers kan schadelijk zijn. We moeten een manier vinden om deze lasten te verlichten. Laila, denk je dat er iets is dat we kunnen doen om je vertrouwen in het delegeren van taken te vergroten?"

Laila: "Misschien als we een trainingsprogramma hadden om de vaardigheden van medewerkers te ontwikkelen, zou ik me comfortabeler voelen bij het delegeren van taken."

Adam: "Dat is een goed voorstel. Yusuf, wat denk jij? Hoe kunnen we je helpen vertrouwen te hebben in het delegeren van taken?"

Yusuf: "Ik denk dat het verbeteren van het opvolgsysteem nuttig zou zijn. Als we een duidelijk mechanisme hadden om de voortgang bij te houden en ervoor te zorgen dat alles volgens plan verloopt, zou ik me comfortabeler kunnen voelen bij het delegeren van taken."

Adam: "Geweldig idee. We zullen werken aan het verbeteren van het opvolgsysteem en het bieden van de nodige ondersteuning. Ons doel is om meer vertrouwen op te bouwen tussen managers en medewerkers. Het delegeren van taken betekent niet alleen het overdragen van lasten om de tijd van managers vrij te maken; het is ook een manier om de vaardigheden van medewerkers te ontwikkelen en vertrouwen op te bouwen binnen het team. Het is ook een kans om ons team te ontwikkelen en efficiënter te maken."

Laila: "Ja, ik denk dat dat nuttig kan zijn. Als medewerkers goed getraind en adequaat gemonitord worden, kan dat helpen om de druk te verminderen."

Yusuf: "Precies. En ik denk dat het regelmatig geven van constructieve feedback ook kan helpen om de prestaties te verbeteren en het vertrouwen te vergroten."

Adam: "Dus, we zullen beginnen met het opzetten van een uitgebreid trainingsprogramma om de vaardigheden van medewerkers te verbeteren, en we zullen een effectief opvolgsysteem opzetten. Ons doel is om elk teamlid in staat te stellen zijn taken efficiënt uit te voeren, zodat we ons allemaal kunnen concentreren op strategische aspecten in plaats van te verzanden in operationele details."

Sarah: "Uitstekend, Adam. Ik denk dat dit een grote stap zal zijn om ons teamwork te verbeteren en de last op managers te verminderen."

Hala: "Ik ben het met je eens, Sarah. Laten we deze ideeën zo snel mogelijk gaan implementeren."

Adam: "Dank jullie allemaal voor jullie eerlijkheid. Laten we samenwerken om deze doelen te bereiken en het taakdelegatieproces effectiever en succesvoller te maken."

Daarom beseften ze dat ze hun vaardigheden in het delegeren van taken effectief moesten verbeteren om een efficiënte uitvoering van het werk te waarborgen. Het belang hiervan ligt in het verhogen van de productiviteit en het ontwikkelen van medewerkers.

Adam besloot een workshop over taken delegeren te organiseren. Met het leiderschapsteam en verschillende medewerkers aanwezig, begon de workshop met een presentatie over het belang van delegatie bij het verbeteren van de productiviteit en het versterken van het team.

Adam legde uit hoe juiste delegatie de capaciteiten van het team kan verbeteren en de last voor managers kan verlichten.

Adam: "Welkom allemaal bij de workshop over taken delegeren. Het doel van vandaag is om het belang van delegatie te bespreken en hoe we dit proces in ons bedrijf kunnen verbeteren. Juiste delegatie is niet alleen een manier om lasten te verdelen, maar ook een hulpmiddel om het team te versterken en de productiviteit te verhogen."

(De presentatie begint)

Adam: "Laten we eerst praten over de voordelen van delegatie. Wanneer delegatie correct wordt gedaan, kunnen managers zich richten op strategische doelen in plaats van te verdrinken in dagelijkse taken. Dit kan de efficiëntie van het werk verhogen en bijdragen aan de ontwikkeling van leiderschapsvaardigheden van medewerkers."

(Toont een dia met statistieken en voordelen)

Adam: "Volgens studies behalen bedrijven die vertrouwen op effectieve delegatie 30% hogere productiviteit en hebben ze meer flexibiliteit in het omgaan met uitdagingen. Laten we van jullie horen, welke moeilijkheden ondervinden jullie bij het delegeren van taken?"

Laila: "Voor mij is het moeilijk om ervoor te zorgen dat de taak met dezelfde kwaliteit wordt uitgevoerd die ik verwacht als ik het niet zelf doe."

Yusuf: "Ik deel Laila's zorg. Bij technologieprojecten kan elke kleine fout kostbaar zijn. Daarom neig ik ertoe de taken zelf uit te voeren om de kwaliteit te waarborgen."

Adam: "Dat is begrijpelijk. Maar onthoud dat juiste delegatie inhoudt dat medewerkers worden getraind en de benodigde middelen en ondersteuning krijgen. Laten we praten over de stappen van effectieve delegatie."

(Toont een dia met de stappen van effectieve delegatie)

Adam: "Ten eerste, de juiste persoon kiezen. Het is belangrijk om de sterke en zwakke punten van elk teamlid te kennen. Ten tweede, de verwachtingen duidelijk definiëren. Ten derde, de benodigde ondersteuning en middelen bieden. En tot slot, de voortgang volgen en regelmatig feedback geven."

Karim: "Hoe kiezen we de juiste persoon?"

Adam: "Goede vraag. Laten we praten over het identificeren van sterke en zwakke punten. Laten we beginnen met een eenvoudige oefening. Elke manager schrijft een lijst van sterke en zwakke punten voor elk lid van hun team."

(De managers beginnen met het schrijven van de lijsten)

Laila: "Adam, ik denk dat deze oefening ons erg zal helpen. Er zijn leden in mijn team die bepaalde vaardigheden hebben die ik niet had opgemerkt."

Adam: "Precies, Laila. Het doel is om het potentieel van elk teamlid te herkennen. Laten we nu overgaan tot het verduidelijken van verwachtingen."

(Toont een dia over hoe verwachtingen te verduidelijken)

Adam: "Bij het delegeren van een taak moeten we het doel ervan verduidelijken, de vereiste stappen, de criteria voor het evalueren van de resultaten en de deadlines. Kan iemand een voorbeeld geven van een succesvol gedelegeerde taak?"

Yusuf: "Ja, bij een recent project heb ik de taak om het nieuwe systeem te testen gedelegeerd aan een van de ontwikkelaars. Ik heb alle details en noodzakelijke ondersteuning gegeven, en we volgden de voortgang regelmatig. Het resultaat was uitstekend, en de taak werd op tijd en van hoge kwaliteit voltooid."

Adam: "Dat is een geweldig voorbeeld, Yusuf. Laten we nu doorgaan met het bieden van ondersteuning. Wat bedoelen we met ondersteuning en hoe kunnen we ervoor zorgen dat werknemers alles hebben wat ze nodig hebben?"

Laila: "Ondersteuning kan het verstrekken van middelen zijn, doorlopende training of zelfs continue begeleiding. Ik denk dat we het type ondersteuning dat elke werknemer individueel nodig heeft moeten identificeren."

Adam: "Juist. Ondersteuning moet worden afgestemd op elke taak en elke werknemer, aangezien verschillende werknemers verschillende soorten ondersteuning nodig kunnen hebben. Laten we kijken hoe we feedback geven."

(Toont een dia over feedback geven)

Adam: "Feedback moet constructief zijn en gericht op prestatieverbetering. Het moet tijdig zijn en zich richten op aanpasbare gedragingen. Kan iemand een ervaring delen waarbij feedback effectief was?"

Laila: "Eens had ik een werknemer die rapporten te laat indiende. Ik ging met hem zitten en we bespraken de redenen en mogelijke oplossingen. Ik gaf hem constructieve feedback over hoe hij zijn tijdbeheer kon verbeteren. Daarna verbeterde zijn prestaties aanzienlijk."

Adam: "Geweldig, Laila. Dat is een uitstekend voorbeeld van hoe je effectief feedback kunt geven. Tot slot, laten we onthouden dat delegatie niet alleen gaat over het verdelen van lasten, maar ook een kans is om het team te ontwikkelen en hun capaciteiten op te bouwen. Kan iemand me herinneren aan de basisprincipes van effectieve delegatie? "

Het kiezen van de juiste persoon voor elke taak is de eerste stap naar effectieve delegatie. Yusuf zei:
"We moeten de sterke en zwakke punten van elk teamlid kennen. Alleen dan kunnen we taken delegeren op een manier die succes garandeert."

Het verduidelijken van verwachtingen door middel van goede communicatie is essentieel bij taakdelegatie. Karim zei:

"Er moet volledige duidelijkheid zijn over wat vereist is, de deadlines en de verwachte normen."

Het bieden van ondersteuning en middelen voor een succesvolle taakdelegatie, moeten leiders de nodige ondersteuning en middelen voor werknemers bieden. Laila zei:
"We moeten ervoor zorgen dat onze werknemers alles hebben wat ze nodig hebben om de taken goed uit te voeren."

(Adam beëindigt de presentatie)

Adam: "Bedankt allemaal voor jullie deelname. Nu hebben we een praktische oefening waarbij jullie een echte taak binnen jullie teams delegeren en de uitvoering ervan volgen met de vandaag besproken hulpmiddelen."

(Iedereen begint met de praktische oefening)

Effectieve Delegatietechnieken

Tijdens de workshop werden verschillende technieken voor effectieve taakdelegatie besproken:

1. **De juiste mensen kiezen:**
    - Geschikte taken identificeren en delegeren aan individuen met de benodigde vaardigheden en ervaring.
    - Ervoor zorgen dat de gedelegeerde werknemer een duidelijk begrip heeft van de vereiste taken en verantwoordelijkheden.
2. **Doelen duidelijk definiëren:**
    - De doelen en verwachte resultaten van de gedelegeerde taken verduidelijken.
    - Duidelijke instructies geven en de criteria vaststellen waarop de prestaties zullen worden gemeten.
3. **Ondersteuning en hulp bieden:**
    - Ervoor zorgen dat de werknemer de nodige middelen en tools heeft om de taken uit te voeren.
    - Begeleiding en hulp bieden wanneer nodig zonder te veel in de details van het werk in te grijpen.
4. **Monitoren en evalueren:**
    - De voortgang van het werk regelmatig monitoren en constructieve feedback geven.
    - De prestaties van de werknemer evalueren en feedback geven om continue verbetering te bevorderen.

Website Ontwikkelingsproject

Laila werd gedelegeerd om verantwoordelijk te zijn voor de ontwikkeling van de nieuwe website van het bedrijf. Ze identificeerde het juiste team, verduidelijkte de verwachtingen en zorgde voor de benodigde middelen. Ze volgde regelmatig de voortgang en gaf constructieve feedback, wat leidde tot de succesvolle en tijdige lancering van de website.

Beheer van Marketingcampagne

Youssef kreeg de opdracht om een nieuwe marketingcampagne te beheren. Hij delegeerde taken effectief aan teamleden, wat hielp om de campagne efficiënt uit te voeren en uitstekende resultaten te behalen.

Bij een taak gaf Adam een kritieke taak aan een nieuwe werknemer zonder te zorgen voor hun gereedheid. Dit leidde tot vertragingen in het project en het verlies van enkele klanten. Deze dramatische keerpunt deed Adam beseffen hoe belangrijk het is om de gereedheid van werknemers te waarborgen voordat kritieke taken worden gedelegeerd, evenals het raadplegen van de afdelingsmanager bij het selecteren van werknemers.

Delegatiesysteem
Duidelijke Verantwoordelijkheden
Adam stelde een systeem op voor het duidelijk definiëren van verantwoordelijkheden. Het project werd opgedeeld in specifieke taken, elk toegewezen aan een persoon met vastgestelde deadlines.

Monitoring van Voortgang en Feedback
Adam implementeerde een systeem voor het regelmatig monitoren van de voortgang en het geven van feedback.

Hij zei: "We moeten ervoor zorgen dat we de voortgang bijhouden en tijdig constructieve feedback geven."

Helaas was er ondanks alle training vertraging bij de voltooiing van taken. Toen de kwestie van de vertraging werd aangekaart, ontstond er spanning tussen de managers over wie de verantwoordelijkheid moest nemen.

Laila vond dat de verantwoordelijkheid bij de nieuwe werknemer lag,
terwijl Youssef van mening was dat de managers schuldig waren omdat ze niet voldoende ondersteuning boden.
Sarah betoogde dat de verantwoordelijkheid lag bij de persoon die de taak delegeerde zonder de competentie te waarborgen.

"We moeten de verantwoordelijkheid voor onze beslissingen nemen en leren van onze fouten. We moeten ervoor zorgen dat onze werknemers klaar zijn voordat we hen kritieke taken toewijzen", zei Adam vastberaden.

De positieve resultaten van het toepassen van effectieve delegatiesystemen en het verbeteren van delegatievaardigheden
omvatten een significante verbetering in teamprestaties en productiviteit. Bijvoorbeeld:

- **Ontwikkelingsproject voor een nieuw product:** Het project werd met hoge efficiëntie voltooid dankzij effectieve delegatie.
- **Verbeterde klanttevredenheid:** De klanttevredenheid nam toe door een betere en snellere uitvoering van taken.

Lessen Geleerd:

1. **Het Belang van Delegatie voor het Verbeteren van Productiviteit:**
   - Door juiste delegatie kunnen managers zich richten op strategische doelen.
   - Verbetert de capaciteiten van het team en verhoogt de tevredenheid van werknemers.
2. **Het Kiezen van de Juiste Mensen:**
   - Identificeer geschikte taken en delegeer ze aan individuen met de benodigde vaardigheden.
   - Zorg ervoor dat de werknemer de taken en verantwoordelijkheden begrijpt.
3. **Duidelijk Definiëren van Doelen:**
   - Geef duidelijke instructies en stel prestatiemeetcriteria vast.
   - Zorg ervoor dat de werknemer de verwachte resultaten kent.
4. **Ondersteuning en Hulp Bieden:**
   - Bied de benodigde middelen en tools aan om taken uit te voeren.
   - Bied begeleiding en hulp wanneer nodig zonder overmatige inmenging.
5. **Monitoring en Evaluatie:**
   - Volg regelmatig de voortgang en geef constructieve feedback.
   - Beoordeel de prestaties en geef opmerkingen om continue verbetering te bevorderen.

Hulpmiddelen en Praktische Oefeningen:
Hulpmiddel: Taakdelegatie Plan Sjabloon

1. **Identificeer Taken:** Welke taken moeten worden gedelegeerd?
2. **Kies de Juiste Persoon:** Wie is de beste persoon om elke taak uit te voeren?
3. **Verduidelijk Verwachtingen:** Wat zijn de vereiste verwachtingen en standaarden?
4. **Bied Ondersteuning:** Welke middelen en ondersteuning zijn nodig om taken uit te voeren?
5. **Volg de Voortgang:** Hoe wordt de voortgang gemonitord en feedback gegeven?

Oefening: Workshop Delegatievaardigheden

Verzamel uw team in een workshop om de delegatievaardigheden te verbeteren. Geef korte lezingen over de basisprincipes van effectieve delegatie en verdeel vervolgens het team in kleine groepen om deze vaardigheden te oefenen door middel van realistische scenario's.

Inspirerende Citaten

"Effectieve delegatie is de basis van effectief leiderschap." - Stephen Covey

"Vertrouwen in je team is de eerste stap naar succesvolle delegatie." - Richard Branson

Discussievragen

1. Hoe kan het proces van taakdelegatie in uw team worden verbeterd?
2. Welke uitdagingen ondervindt u bij het delegeren van taken en hoe kunnen deze worden overwonnen?
3. Hoe kan ervoor worden gezorgd dat werknemers voldoende ondersteuning krijgen bij het delegeren van taken?

Hoofdstuk Vijf: Training en Continue Ontwikkeling

Het Belang van Investeren in Medewerkersontwikkeling

Toen Adam de rol van CEO op zich nam, besefte hij dat de ontwikkeling van medewerkers een van de belangrijkste pijlers was voor het behalen van langdurig succes. Hij zag dat medewerkers de belangrijkste activa van het bedrijf waren en dat investeren in hun vaardigheden hun productiviteit zou verhogen en hun betrokkenheid bij het bedrijf zou vergroten. Hij geloofde dat een werkomgeving die continu leren aanmoedigt, een team zou creëren dat in staat is zich aan te passen aan snelle marktveranderingen en voortdurend te innoveren.

Effectieve Trainingsprogramma's Opbouwen

Om zijn visie te implementeren, besloot Adam om uitgebreide trainingsprogramma's te organiseren die alle aspecten van het werk omvatten. Hij hield een vergadering met zijn team om te bespreken hoe deze programma's opgebouwd kunnen worden.

Adam: "Bedankt allemaal voor jullie komst. Vandaag willen we praten over hoe we effectieve trainingsprogramma's kunnen opzetten die ons helpen onze visie te realiseren. Sarah, kun je ons enkele ideeën geven?"

Sarah: "Natuurlijk, Adam. Ik denk dat we eerst de trainingsbehoeften van elke afdeling moeten analyseren. We kunnen enquêtes en interviews met medewerkers afnemen om de gebieden te identificeren waar ze hun vaardigheden moeten verbeteren."

Karim: "Bovendien kunnen we experts van buiten het bedrijf uitnodigen om workshops te geven in gespecialiseerde gebieden. Dit zal helpen om nieuwe ideeën en moderne werkmethoden binnen te brengen."

Laila: "Ja, en ik denk dat het ook belangrijk is om interne trainingen aan te bieden door ervaren medewerkers binnen het bedrijf. Dit zal bijdragen aan kennisdeling en medewerkers motiveren."

Youssef: "Laten we de training in moderne technologieën niet vergeten. We moeten doorlopende trainingsprogramma's hebben om nieuwe software en tools te leren die op de markt verschijnen."

Adam: "Uitstekend. Laten we beginnen met het ontwikkelen van een gedetailleerd plan dat een analyse van de trainingsbehoeften, de identificatie van onderwerpen en trainers en de vaststelling van een trainingsschema omvat. Sarah, kun jij dit project op je nemen?"

Sarah: "Absoluut, Adam. Ik begin meteen met het voorbereiden van de enquêtes en interviews met medewerkers."

Tijdens de implementatie van de trainingsprogramma's ondervond het bedrijf enkele uitdagingen. Er waren meningsverschillen tussen de managers over hoe de trainingsmiddelen verdeeld moesten worden.

Laila: "We moeten ons eerst richten op het trainen van de vitale afdelingen om een snelle terugverdientijd te garanderen."

Youssef: "Maar alle afdelingen hebben evenveel training nodig om prestatieverlies te voorkomen."

Sarah: "Ik denk dat we moeten beginnen met de vitale afdelingen, maar de andere niet mogen verwaarlozen. We kunnen een gefaseerd trainingsschema implementeren dat alle afdelingen afwisselend omvat."

Workshop: *Effectieve Trainingsprogramma's Opzetten*
Sarah en haar team hielden een workshop om een uitgebreid trainingsprogramma te ontwerpen dat alle aspecten van het werk omvat. Ze begonnen met het identificeren van de trainingsbehoeften door middel van enquêtes en interviews met medewerkers en managers. De workshop richtte zich op de volgende elementen:

1. **Beoordeling van de Trainingsbehoeften:**
   - Er werd een analyse uitgevoerd om hiaten in de huidige vaardigheden te identificeren en gebieden te bepalen die verbetering behoeven.
   - De huidige prestaties werden geanalyseerd en toekomstige doelen werden gesteld om het trainingsprogramma te sturen.
2. **Ontwerpen van Trainingsprogramma's:**
   - Trainingscursussen werden ontworpen om aan verschillende niveaus van medewerkers te voldoen, van beginners tot leidinggevenden.
   - De trainingsprogramma's omvatten een verscheidenheid aan onderwerpen, zoals moderne technologie, managementvaardigheden en klantenservice.
3. **Implementatie van Trainingsprogramma's:**
   - De cursussen werden aangeboden via verschillende methoden, waaronder persoonlijke sessies, online cursussen en interactieve workshops.

- o Er werden experts en specialisten ingehuurd om de training te geven en de kwaliteit van de inhoud te waarborgen.
4. **Evaluatie van de Effectiviteit van de Training:**
    - o Er werden mechanismen ingevoerd om de effectiviteit van de trainingsprogramma's te evalueren door middel van enquêtes na de training en daadwerkelijke prestatiebeoordelingen van medewerkers.
    - o Er werden periodieke evaluaties uitgevoerd om de programma's te verbeteren en de gewenste doelen te bereiken.

Langetermijnvoordelen van Voortdurende Ontwikkeling

Het bedrijf begon met het implementeren van trainings- en ontwikkelingsprogramma's en de resultaten waren duidelijk. Adam en zijn team merkten een toename in de productiviteit van medewerkers en een verbetering van de kwaliteit van het werk. Medewerkers werden beter in staat zich aan te passen aan snelle marktveranderingen en waren beter voorbereid om te innoveren en nieuwe oplossingen te bieden.

Een opmerkelijk voorbeeld was de marketingafdeling. Na een reeks trainingen over het gebruik van digitale analysetools kon het team de effectiviteit van hun reclamecampagnes met 30% verhogen.

Laila wist ook de operationele kosten te verlagen dankzij training in geavanceerde financiële analysetools.

Adam hield een vergadering om de impact van deze programma's op het bedrijf te beoordelen.

Adam: "Hallo allemaal. Ik wilde dat we vandaag samenkomen om de impact van de trainingsprogramma's die we de afgelopen maanden hebben geïmplementeerd, te beoordelen. Sarah, kun je een rapport over de resultaten geven?"

Sarah: "Zeker, Adam. We hebben een toename van 15% in de productiviteit van de medewerkers en een vermindering van 10% in het aantal fouten geconstateerd. Daarnaast liet de enquête zien dat 85% van de medewerkers tevreden is met de trainingsprogramma's en ze nuttig vindt voor het ontwikkelen van hun vaardigheden."

Karim: "Dit zijn geweldige resultaten. Ik heb ook een verbetering in de prestaties van het marketingteam en hun vermogen om nieuwe tools effectief te gebruiken opgemerkt."

Laila: "Ik heb ook een verbetering in de financiële efficiëntie waargenomen dankzij de training in geavanceerde financiële tools."

Youssef: "In de technologiedepartement zijn we beter in staat om nieuwe technologieën snel en efficiënt te adopteren en te implementeren."

Adam: "Dit is uitstekend. Deze resultaten bevestigen dat onze investering in de ontwikkeling van medewerkers de juiste stap was. Laten we doorgaan met het verbeteren en ontwikkelen van onze trainingsprogramma's om ervoor te zorgen dat we voorop blijven. Denk eraan, training is niet alleen een kostenpost; het is een investering in onze toekomst."

Iedereen: "Mee eens, Adam."

Geleerde Lessen:
1. **Het Belang van Investeren in Medewerkersontwikkeling:**
    - Continue training en ontwikkeling vergroten de efficiëntie en werktevredenheid van medewerkers.
    - Bedrijven die investeren in de ontwikkeling van hun medewerkers genieten van hogere retentiecijfers en betere productiviteit.
2. **Effectieve Trainingsprogramma's Opbouwen:**
    - Het beoordelen van trainingsbehoeften helpt bij het ontwerpen van gerichte en effectieve trainingsprogramma's.
    - Een verscheidenheid aan trainingsmethoden (persoonlijk, online, interactief) voldoet aan verschillende behoeften en verbetert de effectiviteit van de training.
3. **Het Evalueren van de Effectiviteit van de Training:**
    - Regelmatige evaluatie van trainingsprogramma's zorgt ervoor dat doelen worden bereikt en programma's continu worden verbeterd.
    - Enquêtes na de training en daadwerkelijke prestatiebeoordelingen helpen bij het meten van de effectiviteit van de training en het identificeren van verbeterpunten.
4. **Langetermijnvoordelen van Continue Ontwikkeling:**
    - Continue training leidt tot een verbetering van de prestaties van medewerkers en een toename van de productiviteit.
    - Medewerkersontwikkeling verhoogt de werktevredenheid, waardoor het

personeelsverloop wordt verminderd en de algehele werkomgeving verbetert.

Om een rendement op investering in training en ontwikkeling van medewerkers te garanderen, meet de prestatieverbetering, verminder het personeelsverloop door de verlooppercentages bij te houden, en verhoog de klanttevredenheid.

Hulpmiddelen en Praktische Oefeningen
Om de toepassing van de opgedane kennis uit de training te waarborgen, hier enkele praktische oefeningen zoals:
- **Simulatieworkshops:** Om nieuwe vaardigheden in een realistische werkomgeving toe te passen.
- **Dagelijkse Uitdagingen:** Om medewerkers te motiveren het geleerde in hun dagelijkse taken te gebruiken.
- **Regelmatige Overlegsessies:** Om de voortgang te bespreken en ideeën uit te wisselen over hoe de prestaties kunnen worden verbeterd.

Inspirerende Citaten
"Een investering in kennis levert het beste rendement op." - Benjamin Franklin

---

Discussievragen
1. Hoe kunnen we de langetermijneffectiviteit van trainingsprogramma's waarborgen?
2. Wat zijn enkele manieren om medewerkers aan te moedigen nieuwe vaardigheden te adopteren?
3. Hoe kunnen we de training van verschillende afdelingen in balans brengen zonder de dagelijkse operaties te verstoren?

Hoofdstuk Zes: Motivatie en Verantwoordelijkheid

Naarmate Tech Excel zich verder ontwikkelde en begon met het implementeren van zijn strategische en tactische plannen, besefte Adam dat motivatie en verantwoordelijkheid cruciaal waren voor het behouden van succes, het behalen van doelen en het verbeteren van prestaties.

De uitdaging was om de juiste balans te vinden tussen het motiveren van werknemers om de productiviteit te verhogen en het handhaven van een hoog niveau van toezicht om ervoor te zorgen dat doelen werden bereikt.

Adam: "Hallo allemaal. Vandaag willen we de algemene prestaties van ons team bespreken en hoe we deze kunnen verbeteren. Laten we beginnen met het horen van jullie gedachten over de methoden die we gebruiken om teams te beheren en doelen te bereiken. Karim, wat denk jij?"

Karim (Marketingmanager): "Ik geloof dat toezicht nodig is om naleving van normen en tijdschema's te waarborgen. Daarom volg ik altijd elk detail van het werk nauwlettend, omdat ik denk dat dit de kwaliteit handhaaft en fouten voorkomt."

Laila (Financieel Manager): "Ik ben het met je eens, Karim. In de financiën hebben we grote nauwkeurigheid nodig, dus passen we ook strikte controle toe. We gebruiken dagelijkse tracking-schema's en gedetailleerde rapporten om ervoor te zorgen dat we ons aan budgetten en deadlines houden."

Youssef (Technologiemanager): "Vanuit mijn perspectief is motivatie de sleutel. We hebben een team nodig dat zich geïnspireerd en creatief voelt. Ik focus me op het geven van vrijheid aan teams in hun werk en moedig ze aan om te innoveren. Ik geloof dat vertrouwen in het team op de lange termijn betere resultaten oplevert."

Hala (Manager Publieke Relaties): "Ik neig ook naar motivatie, maar ik zie toezicht als noodzakelijk om de kwaliteit van het werk te waarborgen. We gebruiken tools om de voortgang te volgen en gebieden voor verbetering te identificeren, maar ik probeer dit altijd onderdeel te maken van het motivatieproces en niet alleen van toezicht."

Sarah (HR Manager): "Voor mij is de balans tussen motivatie en toczicht essentieel. We moeten motivatorprogramma's implementeren zoals prestatiebeloningen en publieke erkenning, samen met een nauwgezette monitoring van de prestaties om ervoor te zorgen dat doelen worden bereikt. Ik geloof dat waardering en motivatie werknemers meer drijven dan strikte controle."

Fatima (Manager Financiële Analyse): "In financiële analyse ontdekken we dat de balans tussen toezicht en motivatie kan worden bereikt door duidelijke en specifieke doelen voor elk team te stellen. Op deze manier weet iedereen wat er van hen wordt verwacht en voelt zich verantwoordelijk, maar heeft ook de vrijheid om gemotiveerd te zijn en te innoveren."

Nada (Manager Digitale Marketing): "In digitale marketing moeten we snel bewegen en onze strategieën constant aanpassen. Dus, ik geef mijn team veel ruimte voor creativiteit en experimenteren, maar ik zorg ervoor dat we de resultaten regelmatig volgen om ervoor te zorgen dat we op de juiste weg zijn."

Omar (Marketinganalist): "Ik denk dat het verzamelen en analyseren van gegevens ons kan helpen om een balans te vinden tussen toezicht en motivatie. Wanneer we onze prestaties beter begrijpen, kunnen we constructieve feedback geven en het team motiveren om nieuwe doelen te bereiken."

Maya (Training Manager): "Vanuit mijn perspectief kunnen we training gebruiken als een tool om zowel motivatie als toezicht te verbeteren. Door medewerkers continu te trainen, zorgen we ervoor dat ze de nodige vaardigheden bezitten en zich ondersteund voelen, wat hun prestaties verbetert en de behoefte aan strikte controle vermindert."

Adam: "Bedankt allemaal voor jullie bijdragen. Het is duidelijk dat er verschillende benaderingen onder ons zijn. Sommigen geven de voorkeur aan strikte controle, terwijl anderen motivatie als het belangrijkste zien. We moeten een manier vinden om beide benaderingen te combineren om ervoor te zorgen dat we onze doelen bereiken zonder dat het team zich onder druk gezet of ongemotiveerd voelt. Ik zal met jullie samenwerken om een plan te ontwikkelen dat toezicht en motivatie in balans houdt om de best mogelijke prestaties voor het bedrijf te garanderen. We komen weer bijeen. Bedankt allemaal."

De Uitdaging: Het Evenwicht Vinden Tussen Motivatie en Toezicht

Adam: "Bedankt voor jullie aanwezigheid vandaag. We willen bespreken hoe we toezicht en motivatie in balans kunnen brengen om de beste prestaties van ons team te waarborgen. Het is duidelijk dat we verschillende benaderingen hebben. Dus, laten we jullie suggesties horen over hoe we deze situatie kunnen verbeteren. Karim, wat denk jij?"

Karim (Marketingmanager): "Ik denk dat we duidelijke prestatiestandaarden moeten vaststellen en de doelen nauwkeurig moeten definiëren, zodat iedereen weet wat er van hen wordt verwacht. We kunnen ook technologische hulpmiddelen gebruiken om de voortgang te volgen en de behoefte aan direct toezicht te verminderen."

Laila (Financieel Manager): "Ik ben het eens met Karim. Duidelijke standaarden en technologische hulpmiddelen kunnen helpen. Bovendien kunnen we regelmatige follow-up vergaderingen organiseren om de voortgang te bespreken en problemen op te lossen zodra ze zich voordoen, in plaats van te wachten tot ze zich opstapelen."

Youssef (Technologiemanager): "Vanuit mijn perspectief kunnen we de motivatie verbeteren door teams meer autonomie te geven. We kunnen de doelen vaststellen en de teams de methode laten kiezen die het beste bij hen past om deze doelen te bereiken. Dit geeft hen vertrouwen en verantwoordelijkheid."

Hala (PR-manager): "Ik geloof dat het evenwicht kan worden bereikt door de communicatie tussen teams en management te verbeteren. We kunnen regelmatige feedbacksessies houden om aan de ene kant motivatie en erkenning te bieden en aan de andere kant gebieden te identificeren die verbetering behoeven."

Sarah (HR-manager): "Ik denk dat we een beloningssysteem kunnen gebruiken om goede prestaties aan te moedigen. Werknemers moeten zien dat hun inspanningen worden gewaardeerd en beloond. Daarnaast kunnen we trainingsprogramma's implementeren om de benodigde vaardigheden te ontwikkelen om de prestaties te verbeteren."

Fatima (Manager Financiële Analyse): "Ik ben het er mee eens dat motivatie en toezicht hand in hand moeten gaan. We kunnen prestatieverslagen gebruiken om de voortgang te analyseren en constructieve feedback te geven. Dit helpt teams te begrijpen hoe ze vorderen en moedigt hen aan om te verbeteren."

Nada (Digital Marketing Manager): "In digitale marketing vertrouwen we sterk op experimenteren en analyseren. Daarom kunnen we gegevens gebruiken om het team te motiveren. Wanneer het team de impact van hun inspanningen duidelijk ziet, zal dit hun motivatie verhogen om meer te bereiken."

Omar (Marketinganalist): "We moeten een systeem opzetten om regelmatig doelen en resultaten te volgen. Dit stelt ons in staat om te weten of we op de juiste weg zijn en tijdige feedback en motivatie te geven."

Maya (Trainingsmanager): "We kunnen trainingsprogramma's aanbieden die zich richten op effectieve delegatie en leiderschapsontwikkeling. Dit geeft managers de tools die ze nodig hebben om toezicht en motivatie op een evenwichtige manier toe te passen."

Adam: "Uitstekend, dit zijn geweldige ideeën. Op basis van wat we hebben gehoord, stel ik de volgende stappen voor:

1. Stel duidelijke prestatiestandaarden en doelen voor elk team.
2. Gebruik technologische hulpmiddelen om de voortgang en prestatieverslagen te volgen.
3. Organiseer regelmatige follow-up vergaderingen om de voortgang te bespreken en problemen op te lossen.
4. Implementeer een beloningssysteem om goede prestaties te motiveren.
5. Verbeter de communicatie tussen de teams en het management.
6. Bied trainingsprogramma's aan om leiderschapsvaardigheden en effectieve delegatie te ontwikkelen.

Op deze manier kunnen we toezicht en motivatie combineren om doelstellingen te bereiken en het enthousiasme van het team te behouden. Wat denken jullie?"

Iedereen: "Akkoord!"

Adam: "Geweldig! Laten we beginnen met het implementeren van deze stappen en kijken hoe de zaken verbeteren. Maar voordat we dat doen, laten we het serieus bestuderen en zorgen voor de kwaliteit ervan. Bedankt allemaal voor jullie waardevolle bijdragen."

Workshop: Een Cultuur van Motivatie en Verantwoordelijkheid Bouwen

Adam hield een workshop met zijn team om te bespreken hoe motivatie en toezicht in balans kunnen worden gebracht.

De workshop begon met voorbeelden van succesvolle bedrijven die deze balans hebben bereikt en hoe dit hun prestaties heeft verbeterd en de tevredenheid van de medewerkers heeft vergroot.

Adam: "Hallo allemaal, bedankt dat jullie er vandaag zijn. Vandaag bespreken we hoe we een bedrijfscultuur kunnen opbouwen die motivatie en verantwoordelijkheid combineert. Laten we beginnen met het tonen van enkele succesvolle bedrijven die deze balans effectief hebben bereikt."

Karim: "Uit mijn studies heb ik ontdekt dat Google deze balans aanzienlijk heeft bereikt. Door een werkomgeving te bieden die innovatie stimuleert en medewerkers de vrijheid geeft om beslissingen te nemen, zagen ze tastbare resultaten in verhoogde productiviteit en creativiteit."

Laila: "Apple is er ook in geslaagd om motivatie en verantwoordelijkheid in balans te brengen door duidelijke doelen te stellen en een beloningssysteem op basis van prestaties te gebruiken. Deze aanpak heeft geholpen om medewerkers te motiveren om doelen nauwkeurig en efficiënt te bereiken."

Youssef: "Bij Facebook gebruikten ze data-analyse om de prestaties te volgen en processen continu te verbeteren. Deze strategie was nuttig om teams te motiveren en hen verantwoordelijk te houden voor hun gestelde doelen."

Hala: "Voorbeelden zoals deze laten zien dat het in balans brengen van motivatie en verantwoordelijkheid niet alleen gaat om het bereiken van managementdoelen, maar ook om het verbeteren van de tevredenheid van medewerkers en het opbouwen van een positieve werkcultuur."

Sarah: "Vanuit een HR-perspectief hebben bedrijven zoals Zappos unieke voordelen geboden die de motivatie verbeteren, zoals onbeperkte vakanties en flexibele werktijden. Deze beleidsmaatregelen hebben geholpen om een motiverende en verantwoordelijke omgeving te creëren."

Fatima: "In mijn analyse van technologiebedrijven heb ik ontdekt dat het gebruik van financiële analyses om prestaties te monitoren en periodieke rapporten te verstrekken, zeer nuttig kan zijn om prestaties effectief te beheren en teams te motiveren."

Nada: "Als digitaal marketingmanager zie ik dat voortdurende innovatie en experimenteren een grote rol spelen bij het opbouwen van een cultuur van motivatie en verantwoordelijkheid. We moeten streven naar het stimuleren van creativiteit terwijl we de resultaten nauwlettend volgen."

Omar: "Uit mijn ervaring in marketing kunnen we continue monitorings- en evaluatiesystemen gebruiken om teams te helpen zich te concentreren en strategische doelen effectief te bereiken."

Maya: "Als trainingsmanager moedig ik aan om geavanceerde trainingsprogramma's aan te bieden die gericht zijn op het verbeteren van leiderschapsvaardigheden en het bevorderen van creativiteit binnen teams. Deze programma's verbeteren op natuurlijke wijze motivatie en verantwoordelijkheid."

Adam: "Bedankt allemaal voor jullie waardevolle bijdragen. Gebaseerd op wat we hebben gehoord, willen we deze ideeën nu toepassen in ons bedrijf. We zullen duidelijke prestatiestandaarden vaststellen, technische hulpmiddelen gebruiken om de voortgang bij te houden en regelmatige follow-up meetings organiseren. We zullen ook werken aan het ontwikkelen van trainingsprogramma's en een beloningssysteem dat de prestaties en creativiteit verbetert. Hebben jullie nog andere suggesties voordat we beginnen?"

Iedereen: "We zijn het ermee eens en klaar om samen te werken!"

Adam: "Geweldig! Laten we beginnen met het werken aan het implementeren van deze stappen en de geest van samenwerking en motivatie in alle afdelingen van het bedrijf behouden. Nogmaals bedankt voor jullie inspanningen."

Motivatiedoelen Stellen
Motivatieworkshops
Laila begon met het houden van een workshop met het team om de kernmotivatie-doelen te identificeren. Het team stelde een lijst op met motivatiedoelen die onder andere omvatten:
- Het verbeteren van prestaties en productiviteit.
- Het vergroten van loyaliteit en verbondenheid met het bedrijf.
- Het aanmoedigen van innovatie en creativiteit.
- Het ondersteunen van de professionele en persoonlijke ontwikkeling van medewerkers.

"We moeten ervoor zorgen dat elke medewerker zich gewaardeerd voelt en de kans heeft om te groeien en zich te ontwikkelen," benadrukte Laila het belang van ondersteuning van professionele ontwikkeling.

Ontwikkeling van het Motivatiesysteem
Opzetten van een Beloningssysteem
Karim stelde voor om een beloningssysteem in te voeren dat goede prestaties bevordert en medewerkers motiveert om doelen te bereiken. Het systeem omvatte:
- Financiële beloningen voor uitmuntende prestaties.
- Erkenningsprogramma's voor medewerkers die toewijding en creativiteit tonen.
- Kansen voor professionele ontwikkeling zoals trainingen en workshops.

"Beloningen gaan niet alleen over geld; het gaat om het gevoel van waardering en erbij horen," benadrukte Karim het belang van de niet-financiële aspecten van motivatie.

Implementatie van Verantwoordelijkheidssystemen
Het Stellen van Prestatiestandaarden
Youssef presenteerde een plan om verantwoordelijkheidssystemen te implementeren op basis van duidelijke en meetbare prestatiestandaarden. Het plan omvatte:
- Definiëren van Key Performance Indicators (KPI's) voor elke rol.
- Regelmatige prestatie-evaluaties.
- Halfjaarlijkse beoordelingssessies om de voortgang en uitdagingen te bespreken.

"Verantwoordelijkheid betekent dat we allemaal verantwoordelijk zijn voor het behalen van de gestelde doelen en transparant werken," legde Youssef het belang van duidelijkheid in prestatiestandaarden uit.

Uitvoering van Motivatie- en Verantwoordelijkheidssystemen

Follow-Up en Motivatievergaderingen

De teams begonnen met de implementatie van de motivatie- en verantwoordelijkheidssystemen. Laila organiseerde maandelijkse follow-up vergaderingen om de voortgang te bespreken en de teams te motiveren om goede prestaties te behouden.

"We moeten in constante communicatie blijven en doorgaan met het bieden van ondersteuning en waardering voor iedereen," zei Laila in een van de follow-up vergaderingen.

Effectief Motivatiesysteem
Voorbeelden van Positieve Resultaten van de Implementatie van Deze Systemen

Bijvoorbeeld, het marketingteam slaagde erin een significante toename van het aantal nieuwe klanten te realiseren na de implementatie van het nieuwe motivatiesysteem. Financiële beloningen en erkenningsprogramma's waren een belangrijke drijvende kracht achter hun succes.

Het Succesverhaal van Ali:

Ali, een van de projectmanagers van het bedrijf, had moeite met het managen van zijn team en het behalen van doelen. Door regelmatige evaluaties en constructieve feedback verbeterde hij zijn leiderschapsvaardigheden en ontwikkelde hij zijn team. Ali werd een effectieve leider en zijn team behaalde opmerkelijke successen in verschillende projecten, wat leidde tot een hogere klanttevredenheid en hogere inkomsten.

Verbetering van de Algemene Prestaties van het Bedrijf:

Na de implementatie van het belonings- en erkenningssysteem merkte Adam een aanzienlijke verbetering in de prestaties van de medewerkers en een toename in enthousiasme en motivatie. Het bedrijf werd beter in staat om zijn strategische doelen te bereiken en zijn marktaandeel te vergroten. Het versterken van de teamgeest door groepsactiviteiten leidde tot een verbeterde werkomgeving en een hogere medewerkerstevredenheid.

Motivatie- en Verantwoordelijkheidssysteem

Hoe Motivatie en Toezicht in Balans te Brengen

1. **Stel Duidelijke en Specifieke Doelen:**
   - Duidelijke doelen helpen de inspanningen van het team te sturen en vergroten het gevoel van voldoening wanneer ze worden bereikt.
   - Er werden duidelijke prestatienormen voor elke medewerker vastgesteld en gekoppeld aan de algemene bedrijfsdoelen.
2. **Moedig Individuele Initiatieven aan:**
   - Het ondersteunen van nieuwe ideeën en individuele initiatieven bevordert innovatie en motivatie.
   - Beloningen en erkenning worden gegeven aan medewerkers die uitzonderlijke prestaties leveren of innovatieve ideeën aandragen.
3. **Geef Constructieve Feedback:**
   - Continue feedback helpt medewerkers hun sterke en zwakke punten te begrijpen en eraan te werken om deze te verbeteren.
   - Feedback moet constructief zijn en gericht op prestatieverbetering, niet op negatieve kritiek.

4. **Creëer een Stimulerende Werkomgeving:**
    - Het bieden van een werkomgeving die samenwerking en positieve interactie tussen medewerkers aanmoedigt.
    - Het organiseren van evenementen en activiteiten die de teamgeest versterken en de relaties tussen medewerkers verbeteren.

Systemen om het Team te Motiveren en Verantwoordelijkheid te Waarborgen
1. **Belonings- en Erkenningssysteem:**
    - Er werd een beloningssysteem ontwikkeld dat gebaseerd is op prestaties en resultaten, inclusief financiële en niet-financiële beloningen zoals certificaten van waardering en trainingsmogelijkheden.
    - Uitstekende medewerkers worden erkend in de maandelijkse bedrijfsvergaderingen om positieve concurrentie te bevorderen.

2. **Regulier Evaluatiesysteem:**
    - Er werd een regulier evaluatiesysteem geïmplementeerd om de prestaties van medewerkers regelmatig te beoordelen en verbeterpunten te identificeren.
    - Halfjaarlijkse evaluatiesessies worden georganiseerd om de voortgang te bespreken en de gestelde doelen te bereiken.

3. **Groepsverantwoordelijkheidssysteem:**
    - Het implementeren van mechanismen voor groepsverantwoordelijkheid waarbij doelen als team en niet alleen als individuen worden bereikt.
    - Versterking van de teamgeest en samenwerking door gedeelde verantwoordelijkheid voor het succes van projecten.

Geleerde Lessen:

1. **Balans tussen Motivatie en Toezicht:**
   - Motivatie verhoogt de productiviteit en creativiteit, terwijl toezicht ervoor zorgt dat doelen worden bereikt en prestatieniveaus worden gehandhaafd.
   - Toezicht moet gebaseerd zijn op vertrouwen en ondersteuning, niet op controle en druk.
2. **Effectieve Motivatie- en Verantwoordelijkheidssystemen:**
   - Belonings- en erkenningssystemen bevorderen positieve concurrentie en verhogen de werknemerstevredenheid.
   - Regelmatige evaluaties helpen bij het identificeren van verbeterpunten en het bevorderen van voortdurende prestaties.
   - Groepsverantwoordelijkheid versterkt de teamgeest en samenwerking.
3. **Voorbeelden van Positieve Resultaten:**
   - Individuele en groepssuccessen benadrukken het belang van motivatie en verantwoordelijkheid bij het bereiken van doelen.
   - Het verbeteren van de werkomgeving en het verhogen van de werknemerstevredenheid leiden tot een algemene verbetering van de bedrijfsprestaties.

Tools en Praktische Oefeningen

Tool: Motivatie- en Verantwoordelijkheidsplan Template

1. **Definiëren van Motivatiedoelen:** Wat zijn de belangrijkste doelen die we willen bereiken door middel van motivatie?
2. **Het Stellen van Prestatiestandaarden:** Welke standaarden zullen we gebruiken om prestaties te evalueren?
3. **Ontwerpen van een Beloningssysteem:** Hoe zullen we uitmuntende prestaties belonen?
4. **Implementeren van Monitoringssystemen:** Hoe zullen we ervoor zorgen dat de voortgang wordt bijgehouden en doelen worden bereikt?

Oefening: Workshop over Motivatie en Verantwoordelijkheid

Verzamel je team voor een workshop om een motivatie- en verantwoordelijkheidssysteem te ontwikkelen. Begin met het definiëren van doelen en standaarden, ontwerp vervolgens een beloningssysteem dat past bij de behoeften van je team. Sluit af met een discussiesessie over hoe deze systemen effectief geïmplementeerd kunnen worden.

Inspirerende Citaten

"Motivatie is wat je op gang brengt. Gewoonte is wat je doorgaat." - Jim Rohn

"Verantwoordelijkheid is de erkenning dat iedereen verantwoordelijk moet zijn voor zijn acties." - Patrick Lencioni

---

Discussievragen

1. Hoe kun je het motivatiesysteem in je team verbeteren?
2. Welke uitdagingen kom je tegen bij het implementeren van verantwoordelijkheidsystemen en hoe kun je deze overwinnen?
3. Hoe kun je ervoor zorgen dat er een balans is tussen motivatie en verantwoordelijkheid om doelen te bereiken?

Hoofdstuk Zeven: Continu Verbeteren en Innoveren

Naarmate het bedrijf vorderde in het bereiken van zijn doelen, realiseerden Adam en zijn team zich dat continue verbetering en innovatie de sleutel waren om groei en marktoverheersing te behouden. Het was noodzakelijk om een omgeving te creëren die creatief denken aanmoedigde en regelmatig verbeteringen doorvoerde.

Een Cultuur van Continue Verbetering Instellen
Identificeren van Verbetergebieden

Adam hield een nieuwe vergadering met het leiderschapsteam om te bespreken hoe een cultuur van continue verbetering in het bedrijf te verankeren. De vergadering werd bijgewoond door de belangrijkste managers en enkele medewerkers van verschillende afdelingen.

"We moeten continue verbetering een deel van onze dagelijkse cultuur maken. Dit vereist de inzet van iedereen om voortdurend manieren te zoeken om prestaties te verbeteren en te innoveren in hun werk," zei Adam bij de opening van de vergadering.

Yousef: "Ja, absoluut. Laten we beginnen met het identificeren van de gebieden die verbetering nodig hebben. Kunnen we onze huidige prestaties bekijken en de gebieden aanwijzen die we kunnen verbeteren?"

Adam: "Akkoord, laten we beginnen met het beoordelen van onze prestaties en het identificeren van de punten waarop we ons moeten concentreren."

De vergadering begon toen met een sessie om de gebieden te identificeren die verbetering behoefden. Yousef leidde de sessie, waarin het team de huidige prestaties beoordeelde en verbeterpunten identificeerde.

"We moeten eerlijk zijn tegen onszelf en de zwaktes identificeren die we kunnen verbeteren," zei Yousef, waarbij hij het belang van transparantie in deze fase benadrukte. "Ik denk dat het belangrijk is om te beginnen met het bespreken van interne processen. Ik heb onze huidige efficiëntie- en productiviteitsniveaus geanalyseerd, en er zijn enkele mogelijkheden om de processen te verbeteren, vooral met betrekking tot het stroomlijnen van procedures en een betere toewijzing van middelen."

Fatima: "Ik ben het met je eens, Yousef. Daarnaast is er een dringende behoefte om de training over nieuwe processen te verbeteren en deze regelmatig bij te werken om ervoor te zorgen dat we up-to-date zijn met de nieuwste industriestandaarden."

Laila: "Wat betreft klantenservice, moeten we dringend onze reactietijd en servicekwaliteit verbeteren. Zijn er suggesties over hoe we dit beter kunnen bereiken?"

Maya: "We kunnen een systeem ontwikkelen om de reactietijd en verwerking van klantverzoeken bij te houden, evenals de communicatie met klanten in alle stadia van de service verbeteren om hun tevredenheid te waarborgen."

Omar: "Wat betreft technologie, kunnen we nadenken over het updaten van de huidige systemen en het gebruik van nieuwe technologische hulpmiddelen? Dit kan helpen onze efficiëntie te verbeteren en meer gegevens te verschaffen voor besluitvorming."

Sarah: "Ik ben het met je eens, Omar. We moeten investeren in de training van ons team in de nieuwe systemen en hoe ze effectief te gebruiken."

Adam: "Geweldig, dank jullie allemaal voor de waardevolle input. We zullen nu specifieke actiepunten bepalen voor elk van deze gebieden en regelmatig vervolgvergaderingen houden om de voortgang te beoordelen. Zijn er nog andere vragen of opmerkingen voordat we afsluiten?"

Voorbeelden van Verbetergebieden

- **Interne Processen:** Verbeteren van efficiëntie en productiviteit.
- **Klantenservice:** Verbeteren van de reactietijd en servicekwaliteit.
- **Technologie:** Updaten van systemen en gebruik van nieuwe hulpmiddelen.
- **Marketing:** Ontwikkelen van nieuwe strategieën om klanten te bereiken.

Innovatie Stimuleren
Innovatieworkshops

Leila organiseerde workshops om innovatie onder medewerkers te bevorderen. Deze workshops omvatten brainstormsessies en pilotprojecten om nieuwe ideeën te implementeren.

"Innovatie komt van iedereen. We moeten elke medewerker aanmoedigen om hun ideeën in te brengen en deel te nemen aan het verbeteren van het bedrijf," zei Leila, waarbij ze het belang van collectieve deelname aan innovatie benadrukte.

Implementatie van Verbeteringen en Innovaties

Uitvoering van Verbeteringen

Na het identificeren van verbetergebieden en het bevorderen van innovatie, begonnen de teams met het implementeren van verbeteringen en innovaties in hun dagelijkse operaties. Karim leidde het marketingteam bij het uitvoeren van nieuwe marketingstrategieën, terwijl Yousef het technologieteam leidde bij het updaten van systemen en het verbeteren van processen.

"Uitvoering is de sleutel. We moeten ervoor zorgen dat we verbeteringen effectief implementeren en continu hun impact evalueren," zei Adam.

Monitoring van Verbeteringen

Follow-up Vergaderingen voor Verbetering

Sarah organiseerde regelmatige follow-up vergaderingen om de voortgang te beoordelen en de impact van de verbeteringen en innovaties te evalueren. Deze vergaderingen omvatten discussies over successen, uitdagingen en manieren om de prestaties continu te verbeteren.

"We moeten flexibel zijn en bereid zijn om onze plannen aan te passen op basis van de resultaten die we krijgen," zei Sarah.

Succesvolle Innovatie

Het technologieteam ontwikkelde een nieuwe app die de klantervaring en loyaliteit verbeterde. Ondertussen verbeterde het klantenserviceteam de responstijden op klachten, wat leidde tot een hogere klanttevredenheid.

Uit deze geleerde lessen kan een dieper begrip worden verkregen van het belang van dit proces en hoe het succesvol te implementeren op de werkplek.

1. **Het Belang van Organisatiecultuur:**
   - **Cultuur van Continue Verbetering:** Bevorderen van een cultuur die continue verbetering op alle niveaus van het bedrijf aanmoedigt.
   - **Transparantie en Openheid:** Het belang van transparantie en openheid voor nieuwe ideeën van alle medewerkers.
2. **Regelmatige Evaluatie en Analyse:**
   - **Prestatieanalyse:** Het uitvoeren van regelmatige prestatie-evaluaties om sterke en zwakke punten te identificeren.
   - **Gebruik van Gegevens:** Hoe gegevens en analyses te gebruiken om geïnformeerde beslissingen te nemen.
3. **Technologie en Innovatie:**
   - **Adopteren van Technologie:** Voordelen van het adopteren van nieuwe technologieën om de efficiëntie en productiviteit te verbeteren.
   - **Investeren in R&D:** Het belang van investeren in onderzoek en ontwikkeling om concurrerend te blijven.
4. **Training en Ontwikkeling:**
   - **Continue Training:** Het belang van het bieden van doorlopende trainingsprogramma's om de technologische en industriële veranderingen bij te houden.
   - **Vaardigheidsontwikkeling:** Hoe de vaardigheden van medewerkers te ontwikkelen om nieuwe uitdagingen aan te gaan.
5. **Verandermanagement:**
   - **Aanpassen aan Verandering:** Het belang van aanpassen aan veranderingen in de markt en technologie.

- **Betrekken van Medewerkers:** Medewerkers betrekken bij het veranderingsproces om het succes ervan te garanderen.

6. **Team Samenwerking:**
   - **Effectieve Communicatie:** Het belang van effectieve communicatie tussen verschillende teams om processen te verbeteren.
   - **Teamwerk:** Bevorderen van teamwerk om problemen op te lossen en te innoveren.

7. **Inspirerend Leiderschap:**
   - **Leiderschapsrol:** Hoe inspirerend leiderschap de motivatie van medewerkers beïnvloedt en innovatie aanmoedigt.
   - **Begeleiding en Ondersteuning:** Het belang van het bieden van voortdurende begeleiding en ondersteuning aan teams.

8. **Motivatie en Beloningen:**
   - **Beloningssysteem:** Het ontwikkelen van een beloningssysteem dat innovatie en continue verbetering aanmoedigt.
   - **Erkenning van Inspanningen:** De inspanningen van innovatieve medewerkers erkennen en hen aanmoedigen om goed werk voort te zetten.

9. **Strategische Planning:**
   - **Doelen Stellen:** Hoe duidelijke strategische doelen voor verbetering en innovatie te stellen.
   - **Tactische Plannen Maken:** Tactische plannen ontwikkelen om strategische doelen te bereiken.

10. **Leren van Fouten:**
    - **Leren van Mislukkingen:** Het belang van leren van fouten en mislukkingen als onderdeel van het continue verbeteringsproces.
    - **Falen Analyseren:** Hoe mislukkingen te analyseren en lessen daaruit te trekken om toekomstige processen te verbeteren.

Tools en Praktische Oefeningen
Tool: Continu Verbeterplan Sjabloon

1. Identificeer verbetergebieden: Welke gebieden hebben verbetering nodig?
2. Doelen stellen: Welke doelen willen we bereiken door verbetering?
3. Ontwikkel een verbeterplan: Welke stappen zullen we nemen om de prestaties te verbeteren?
4. Voer verbeteringen uit: Hoe zullen we de verbeteringen in het dagelijkse werk toepassen?
5. Volg verbeteringen op: Hoe zullen we de impact van de verbeteringen evalueren en de nodige aanpassingen doen?

Oefening: Innovatieworkshop

Verzamel je team in een workshop om nieuwe ideeën en mogelijke verbeteringen te identificeren. Gebruik brainstormsessies en pilotprojecten om nieuwe ideeën te implementeren en hun impact te evalueren.

Inspirerende Citaten

"Continue verbetering is de basis voor blijvend succes." - W. Edwards Deming

"Innovatie onderscheidt een leider van een volger." - Steve Jobs

---

Discussievragen

1. Hoe kunnen de processen in je team worden verbeterd om een grotere efficiëntie te bereiken?
2. Welke nieuwe ideeën kunnen worden toegepast om innovatie in je werk te bevorderen?
3. Hoe kunnen we ervoor zorgen dat verbeteringen effectief worden geïmplementeerd en hun impact continu wordt gemonitord?

Hoofdstuk Acht: Aanpassen en Reageren op Veranderingen

Naarmate "Tech Excel" bleef groeien en uitbreiden naar nieuwe markten en markten evolueerden, realiseerde Adam zich dat het vermogen om zich aan te passen aan snelle veranderingen in de zakelijke omgeving essentieel was om succes en uitmuntendheid te behouden. Echter, aanpassen aan verandering vereist flexibel denken en effectieve strategieën om plotselinge verschuivingen te beheersen. De grootste uitdaging waarmee hij werd geconfronteerd, was hoe hij het bedrijf en zijn medewerkers veerkrachtig en in staat kon maken om zich aan te passen aan de nieuwe uitdagingen en kansen die voortdurend ontstaan.

Uitdagingen Aangaan
Het Belang van Flexibiliteit op de Werkplek en het Aanpassen aan Verandering

Adam hield een uitgebreide vergadering met het leiderschapsteam om strategieën te bespreken voor het aanpassen aan verandering. De vergadering werd bijgewoond door alle belangrijke managers, evenals enkele medewerkers uit verschillende afdelingen.

Adam sprak over het belang van flexibiliteit op de werkplek. Hij benadrukte dat bedrijven die snel kunnen inspelen op veranderingen een significant concurrentievoordeel hebben. Hij wees op voorbeelden van grote technologiebedrijven die erin geslaagd zijn aan de top van de markt te blijven dankzij hun vermogen om zich aan te passen aan innovaties en veranderingen.

Adam: "Dank u allen dat u hier vandaag bent. Zoals u weet, leven we in een snel veranderende wereld en de bedrijven die zich aan deze veranderingen kunnen aanpassen, zijn degenen die duurzaam succes behalen. Vandaag willen we praten over het belang van flexibiliteit op de werkplek en hoe we beter voorbereid kunnen zijn om ons aan te passen aan eventuele veranderingen in de markt of binnen ons bedrijf."

Leila: "Ik ben het helemaal met je eens, Adam. We hebben gezien dat veel grote bedrijven zoals Amazon en Google voorop blijven lopen dankzij hun vermogen om snel in te spelen op innovaties en veranderingen. Maar hoe beginnen we dit concept hier in ons bedrijf toe te passen?"

Adam: "Laten we beginnen met te begrijpen dat we onze mentaliteit ten opzichte van verandering moeten veranderen. In plaats van het als een bedreiging te zien, moeten we het beschouwen als een kans voor groei. Youssef, hoe zie jij de rol van technologie bij het verbeteren van onze flexibiliteit?"

Youssef: "Technologie speelt een vitale rol. We moeten klaar zijn om nieuwe systemen en tools te omarmen die ons helpen onze efficiëntie te verbeteren. Bijvoorbeeld, we kunnen AI-technologieën gebruiken om gegevens sneller te analyseren en slimmere beslissingen te nemen."

Sarah: "Voor personeelszaken denk ik dat we voortdurende trainingsprogramma's nodig hebben om medewerkers uit te rusten met nieuwe vaardigheden. Dit zal hen helpen zich aan te passen aan technische en operationele veranderingen."

Karim: "Vanuit marketingperspectief moeten we klaar zijn om onze strategieën snel aan te passen op basis van nieuwe markttrends. We moeten flexibeler zijn in onze marketingplannen en snel reageren op veranderingen in klantvoorkeuren."

Hala: "Vanuit het perspectief van public relations is constante communicatie met klanten en partners cruciaal. We moeten transparant zijn over de veranderingen die we doorvoeren en hoe deze hen zullen beïnvloeden. Dit zal vertrouwen opbouwen en onze relatie met hen versterken."

Adam: "Dit zijn uitstekende punten. Laten we nu enkele praktische stappen identificeren die we kunnen nemen om onze flexibiliteit te verbeteren.
Ten eerste moeten we multidisciplinaire teams oprichten die verschillende uitdagingen snel en effectief kunnen aanpakken.
Ten tweede moeten we een cultuur van continu leren ontwikkelen en medewerkers aanmoedigen om nieuwe vaardigheden te verwerven."

Fatima: "Vanuit financieel perspectief moeten we bereid zijn om snel middelen opnieuw toe te wijzen wanneer dat nodig is. We moeten flexibel zijn met onze budgetten en werken aan het verminderen van bureaucratie die snelle besluitvorming kan belemmeren."

Maya: "Voor training kunnen we regelmatige workshops organiseren die zich richten op het ontwikkelen van flexibiliteits- en aanpassingsvaardigheden. We kunnen ook externe experts uitnodigen om nieuwe inzichten te bieden over hoe we ons kunnen aanpassen aan veranderingen."

Adam: "Precies. Ten slotte moeten we een doorlopend feedbacksysteem opzetten vanuit alle afdelingen. Dit zal ons helpen om vroegtijdig problemen of ontwikkelingsmogelijkheden te identificeren. Laten we ons inzetten voor deze initiatieven en een voorbeeld zijn voor bedrijven die zich succesvol aanpassen aan veranderingen."

Youssef: "Dank je, Adam. Ik geloof dat we allemaal toegewijd zijn om dit doel te bereiken. Laten we onmiddellijk beginnen met het werken aan deze initiatieven."

Adam: "Dank jullie wel allemaal. Ik ben ervan overtuigd dat onze samenwerking zal leiden tot de flexibiliteit die we nodig hebben voor duurzaam succes."

Analyse van Marktveranderingen
Marktanalyse Sessie
De vergadering begon met een sessie waarin marktveranderingen werden geanalyseerd. Karim leidde deze sessie, waarin het team de huidige gegevens en toekomstige voorspellingen beoordeelde om trends en mogelijke veranderingen te identificeren.

"We moeten ons bewust zijn van wat er om ons heen gebeurt. Marktveranderingen kunnen kansen of bedreigingen zijn, en we moeten op beide voorbereid zijn," zei Karim, waarbij hij het belang van paraatheid benadrukte.

Ontwikkelen van Aanpassingsstrategieën
Formuleren van Aanpassingsstrategieën
Na de analyse van marktveranderingen ontwikkelde het team strategieën om zich aan deze veranderingen aan te passen. De strategieën omvatten plannen om nieuwe

concurrentie het hoofd te bieden, veranderingen in klantvoorkeuren en technologische vooruitgang.

Voorbeelden van Aanpassingsstrategieën

- Continue innovatie: Ontwikkelen van nieuwe producten en diensten om aan de veranderende marktvraag te voldoen.
- Verbetering van klantrelaties: Verhogen van communicatie met klanten om hun behoeften te begrijpen en op maat gemaakte oplossingen te bieden.
- Efficiëntieverbetering: Herbeoordelen van interne processen om efficiëntie te verbeteren en kosten te verlagen.
- Diversificatie van markten: Betreden van nieuwe markten om de afhankelijkheid van één markt te verminderen.

Implementeren van Aanpassingsstrategieën
Toepassen van Strategieën
Na het identificeren van aanpassingsstrategieën begonnen de teams met het implementeren van deze strategieën in hun dagelijkse operaties.
Leila leidde het financiële team bij het ontwikkelen van nieuwe financiële modellen ter ondersteuning van de uitbreiding naar nieuwe markten,
terwijl Youssef het technologieteam leidde bij het adopteren van nieuwe technologieën om gelijke tred te houden met technologische veranderingen.

"We moeten flexibel zijn en bereid om onze plannen aan te passen op basis van de veranderingen die we tegenkomen", zei Adam, en benadrukte het belang van flexibiliteit in de uitvoering.

Aanpassing Monitoren
Sarah organiseerde regelmatige follow-up vergaderingen om de voortgang van de strategieën te beoordelen en hun impact te evalueren.
Deze vergaderingen omvatten discussies over successen, uitdagingen en manieren om de prestaties continu te verbeteren.

"Aanpassing aan verandering is geen eenmalig proces; het is een continu proces dat constante monitoring en voortdurende aanpassingen vereist," zei Sarah.

Succesvolle Aanpassing aan Verandering
Tijdens de economische neergang werd Tech Excel net als andere bedrijven getroffen. Dankzij de aanpassingsstrategieën die door Adam waren vastgesteld, kon het bedrijf echter zijn plannen snel aanpassen om kosten te verlagen en de efficiëntie te verhogen. Middelen werden herverdeeld en enkele teams werden hergestructureerd om de productiviteit te waarborgen. Deze snelle reactie hielp het bedrijf de crisis te doorstaan en sterk op de markt te blijven.
Het marketingteam paste zijn strategieën succesvol aan om de nieuwe concurrentie het hoofd te bieden, wat leidde tot een stijging van 15% van het marktaandeel van het bedrijf. Tegelijkertijd adopteerde het technologieteam met succes nieuwe technologieën die de interne operationele efficiëntie met 20% verhoogden.

Strategieën voor Aanpassing aan Snelle Veranderingen
1. **Het Bevorderen van een Cultuur van Verandering en Innovatie:**
    - Adam moedigde de ontwikkeling van een organisatiecultuur aan die innovatie ondersteunt en verandering omarmt.

- Er werden workshops en seminars georganiseerd om innovatief denken te bevorderen en medewerkers aan te moedigen nieuwe ideeën te presenteren.

2. **Continue Leren en Professionele Ontwikkeling:**
    - Continue trainingsprogramma's werden verbeterd om medewerkers uit te rusten met de vaardigheden die nodig zijn om zich aan veranderingen aan te passen.
    - Medewerkers werden aangemoedigd om externe cursussen en workshops bij te wonen om op de hoogte te blijven van de laatste trends en technologieën in hun vakgebied.

3. **Continue Markt- en Concurrentieanalyse:**
    - Gespecialiseerde teams werden gevormd om marktveranderingen te monitoren en de strategieën van concurrenten te analyseren.
    - Regelmatige rapporten werden aan het senior management verstrekt over nieuwe trends, potentiële uitdagingen en kansen.

4. **Ontwikkelen van Flexibele Strategieën:**
    - Flexibele strategische plannen werden gemaakt die snel konden worden aangepast op basis van veranderende omstandigheden.
    - Proactief denken en de ontwikkeling van noodplannen werden aangemoedigd om potentiële crises aan te pakken.

5. **Ontwikkelen van Adaptieve Leiderschapsvaardigheden:**
    - Leiders werden getraind in het managen van verandering en het aanpassen aan veranderende omstandigheden.

- Leiderschapsvaardigheden voor snelle besluitvorming en het omgaan met druk werden versterkt.

Geleerde Lessen:

1. **Het Belang van Flexibiliteit op de Werkplek:**
   - Het vermogen om zich snel aan veranderingen aan te passen, geeft bedrijven een aanzienlijk concurrentievoordeel.
   - Het bevorderen van een cultuur van verandering en innovatie helpt de organisatorische flexibiliteit te verbeteren.
2. **Strategieën voor Aanpassing aan Snelle Veranderingen:**
   - Het bevorderen van een cultuur van innovatie en continue leren helpt de aanpassingsvermogen te verbeteren.
   - Continue markt- en concurrentieanalyses helpen kansen en uitdagingen vroegtijdig te identificeren.
   - Het ontwikkelen van flexibele en proactieve strategieën verbetert het vermogen om met crises om te gaan.
3. **Succesverhalen over Effectieve Aanpassing aan Verandering:**
   - Succesverhalen weerspiegelen het belang van aanpassingsvermogen en flexibiliteit bij het bereiken van doelen en projecten.
   - Snelle reacties op uitdagingen dragen bij aan het behoud van de bedrijfscontinuïteit en het realiseren van groei.

Hulpmiddelen en Praktische Oefeningen

Hulpmiddel: Aanpassingsplan Sjabloon

1. **Veranderingen Identificeren:** Welke veranderingen staan ons te wachten?
2. **Impactanalyse:** Wat is de impact van deze veranderingen op het bedrijf?
3. **Aanpassingsstrategieën Ontwikkelen:** Welke strategieën zullen we gebruiken om ons aan deze veranderingen aan te passen?
4. **Strategieën Implementeren:** Hoe zullen we deze strategieën in de dagelijkse operaties toepassen?
5. **Aanpassing Monitoren:** Hoe zullen we de impact van de strategieën evalueren en de nodige aanpassingen maken?

Oefening: Aanpassingsworkshop

Verzamel je team in een workshop om potentiële veranderingen te identificeren en strategieën te ontwikkelen om zich eraan aan te passen. Gebruik brainstormsessies om de impact te analyseren en gedetailleerde plannen voor elk team te ontwikkelen.

Inspirerende Citaten

"Verandering is de wet van het leven. En degenen die alleen naar het verleden of het heden kijken, zullen zeker de toekomst missen." - John F. Kennedy

"Het is niet de sterkste of de meest intelligente die zal overleven, maar degene die het beste met verandering om kan gaan." - Charles Darwin

Discussievragen

1. Hoe kan jouw team zich aanpassen aan snelle marktveranderingen?
2. Welke strategieën kunnen worden gebruikt om onverwachte uitdagingen het hoofd te bieden?
3. Hoe kan de veerkracht van het team worden verbeterd in het licht van verandering?

Hoofdstuk Negen: Leiden door Voorbeeld

Naarmate het bedrijf bleef groeien en succes boekte, realiseerde Adam zich dat de meest cruciale rol van leiderschap het vermogen was om door voorbeeld te leiden. Als CEO beïnvloedden zijn acties en houding het gedrag en de cultuur van het hele bedrijf aanzienlijk. Hij wilde een rolmodel zijn, zijn team inspireren en de waarden overbrengen die hij hooghield.

Leiden door Voorbeeld

Adam begon de vergadering met het leiderschapsteam door hen te herinneren aan het belang van leiden door voorbeeld. De vergadering werd bijgewoond door alle belangrijke managers en enkele hoofdemployees. "Leiderschap gaat niet alleen om het geven van bevelen, maar om het model te zijn dat iedereen volgt. We moeten de waarden weerspiegelen die we in ons bedrijf willen zien," zei Adam bij het openen van de vergadering.

Waarden toepassen in het Dagelijkse Werk

Sarah sprak over hoe je waarden kunt belichamen in het dagelijkse werk door hun gedrag en acties. "We moeten de eersten zijn die zich houden aan de waarden die we promoten. Integriteit, transparantie en samenwerking moeten deel uitmaken van ons dagelijkse leven op het werk," zei Sarah.

Een Voorbeeld zijn

In de vergadering van het leiderschapsteam moedigde Adam de managers aan om hun persoonlijke verhalen te delen over hoe ze uitdagingen met integriteit hadden aangepakt. Kareem, de marketingdirecteur, begon met het delen van een verhaal over een moeilijke situatie waarmee hij werd geconfronteerd met zijn team en hoe hij deze met integriteit aanpakte, wat een positieve invloed had op het team.

Kareem: "Ik wil een verhaal delen van vorig jaar, toen we een nieuwe marketingcampagne lanceerden. De druk was enorm en de deadline naderde snel. Tijdens het controleren van het definitieve materiaal ontdekte ik een grote fout in een van de belangrijkste advertenties. We hadden de fout kunnen negeren en de campagne kunnen lanceren zoals die was, maar ik voelde dat het nodig was om het te corrigeren."

Sarah: "Wat deed je op dat moment?"

Kareem: "Ik nam een moeilijke beslissing. Ik verzamelde mijn team en vertelde hen de waarheid. Ik zei dat we een fout hadden gemaakt en dat we deze moesten corrigeren voordat we de campagne lanceerden. Ik wist dat dit betekende dat we overuren moesten maken en mogelijk de deadline zouden missen, maar ik was ervan overtuigd dat integriteit van het grootste belang was."

Leila: "Hoe reageerde het team?"

Kareem: "In het begin waren ze gefrustreerd en boos. Het was niet gemakkelijk voor hen om te accepteren dat het harde werk dat ze hadden gedaan opnieuw moest worden bekeken. Maar nadat ik hen het belang van integriteit had uitgelegd en hoe het lanceren van een campagne met een fout onze reputatie negatief zou kunnen beïnvloeden, begonnen ze het te begrijpen."

Youssef: "En hoe beïnvloedde dat uiteindelijk het team?"

Kareem: "Toen het team besefte dat ik bereid was de verantwoordelijkheid te nemen en de deadline op te offeren voor het belang van integriteit, veranderde de sfeer volledig. We werkten samen overuren, zorgden ervoor dat de fout werd gecorrigeerd en lanceerden een vlekkeloze campagne. Belangrijker nog, het team was trots op wat we hadden bereikt en hun respect voor mij en zichzelf groeide."

Hala: "Dat is een geweldig voorbeeld van leiderschap met integriteit. Hoe heeft dat het team vervolgens beïnvloed?"

Kareem: "De resultaten waren geweldig. We bereikten niet alleen onze campagnedoelen, maar overtroffen ze. De moraal verbeterde en het team werd hechter en zelfverzekerder in hun vaardigheden. We leerden allemaal dat integriteit niet alleen een theoretische waarde is, maar de basis van ons succes op het werk."

Adam: "Bedankt, Kareem, dat je je verhaal hebt gedeeld. Het herinnert ons allemaal aan het belang van integriteit en leiding geven door voorbeeld. We moeten altijd onthouden dat onze teams naar ons opkijken voor leiding, en we moeten een voorbeeld zijn in hoe we uitdagingen aanpakken."

Met dit verhaal gaf Kareem een concreet voorbeeld van hoe om te gaan met moeilijke situaties met integriteit, en toonde hij hoe dergelijke acties het vertrouwen van het team kunnen vergroten en op de lange termijn tot betere resultaten kunnen leiden.

Vertrouwen Opbouwen

Vertrouwen Bereiken door Acties

Leila benadrukte het belang van het opbouwen van vertrouwen door acties, niet alleen woorden. "Vertrouwen wordt opgebouwd door consequente en betrouwbare acties. We moeten altijd eerlijk en betrouwbaar zijn in ons handelen," zei Leila.

Invloed op Cultuur

Positieve Invloed op de Bedrijfscultuur

Youssef besprak de invloed van leiding geven door voorbeeld op de bedrijfscultuur.
 "Wanneer werknemers zien dat hun leiders met integriteit en transparantie handelen, nemen ze hetzelfde gedrag over. Dit creëert een positieve en samenhangende cultuur binnen het bedrijf," zei Youssef.

Een opmerkelijk voorbeeld was toen Adam besloot zijn salaris te verlagen tijdens een moeilijke periode voor het bedrijf om het budget te ondersteunen en ontslagen te voorkomen. Deze beslissing versterkte het vertrouwen en de loyaliteit van de werknemers jegens het bedrijf aanzienlijk.

Hulpmiddelen en Praktische Oefeningen
Hulpmiddel: Leiderschapsmodel door Voorbeeld
1. Waarden Identificeren: Welke kernwaarden wil je in je leiderschap weerspiegelen?
2. Waarden Belichamen: Hoe kun je deze waarden belichamen in je dagelijkse handelingen?
3. Positief Gedrag Bevorderen: Hoe kun je positief gedrag in je team aanmoedigen?
4. Vertrouwen Opbouwen: Welke stappen kunnen worden ondernomen om vertrouwen binnen het team op te bouwen?
5. Invloed Monitoren: Hoe kun je de impact van je leiderschap op de bedrijfscultuur meten?

Oefening: Workshop Leiderschap door Voorbeeld
Verzamel je team in een workshop om de kernwaarden te bespreken en te identificeren die de leiding moet weerspiegelen. Gebruik echte verhalen en ervaringen om te illustreren hoe deze waarden in het dagelijks werk kunnen worden belichaamd.

Inspirerende Citaten
"Leiderschap is niet alleen een titel, maar een verantwoordelijkheid om een voorbeeld te zijn voor anderen." - James M. Barrie
"Vertrouwen is de bloem, leiderschap is het water, beide hebben elkaar nodig om te bloeien." - John C. Maxwell

Discussievragen
1. Hoe kunnen leiders goede voorbeelden zijn voor hun team?
2. Welke kernwaarden moet de leiding in ons bedrijf weerspiegelen?
3. Hoe kan leiding geven door voorbeeld invloed hebben op de bedrijfscultuur en teamprestaties?

Hoofdstuk Tien: Participatie en Collectieve Besluitvorming

Het Bevorderen van Participatie bij Tech Excel
Nadat Tech Excel zich met succes had aangepast aan snelle veranderingen, realiseerde Adam zich dat het bevorderen van de deelname van werknemers aan collectieve besluitvorming de volgende stap was naar duurzaam succes. Hij wist dat het betrekken van werknemers bij besluitvorming niet alleen hun tevredenheid verhoogde, maar ook de kwaliteit van de genomen beslissingen verbeterde.

De Uitdaging: Iedereen Betrekken bij het Besluitvormingsproces
In een vergadering van het leiderschapsteam merkte Adam op dat sommige managers beslissingen individueel namen zonder hun teams te raadplegen. Deze aanpak leidde tot enkele ongepaste beslissingen en had een negatieve invloed op het moreel van de werknemers. Het was duidelijk dat er behoefte was aan verbetering van het collectieve besluitvormingsproces.

Het Belang van Participatie bij Besluitvorming
Adam begon met het uitleggen van het belang van participatie bij besluitvorming. Hij wees erop dat collectieve beslissingen vaak uitgebreider en wijzer zijn door de diversiteit van ideeën en ervaringen die teamleden delen. Bovendien verhoogt participatie het engagement van werknemers bij de uitvoering van beslissingen, omdat ze zich onderdeel van het proces voelen.

Adam: "Bedankt allemaal voor jullie aanwezigheid. Onlangs heb ik gemerkt dat sommige beslissingen individueel worden genomen zonder het team te raadplegen. Deze aanpak heeft een negatieve invloed gehad op het moreel van de werknemers en heeft geleid tot enkele ongepaste beslissingen. We moeten het collectieve besluitvormingsproces verbeteren."

Sarah: "Ik ben het met je eens, Adam. Ik geloof dat deelname van het team aan besluitvorming de kwaliteit van de beslissingen kan verbeteren."

Karim: "Maar soms is er geen tijd om iedereen te raadplegen. Hoe kunnen we de behoefte aan snelle beslissingen in evenwicht brengen met de deelname van het team?"

Adam: "Dat is een goed punt, Karim. We kunnen een evenwicht vinden door de soorten beslissingen te identificeren die collectieve input vereisen en die snel kunnen worden genomen. Strategische beslissingen, bijvoorbeeld, moeten het hele team omvatten, terwijl eenvoudige dagelijkse beslissingen individueel kunnen worden genomen."

Leila: "Ik ben het eens. Deelname van het team kan verschillende perspectieven brengen die voor een individu misschien niet duidelijk zijn. Kunnen we een duidelijk proces vaststellen voor collectieve besluitvorming?"

Youssef: "Ja, we kunnen een structuur ontwikkelen die regelmatige brainstormsessies en korte vergaderingen omvat om verschillende opties te evalueren."

Hala: "Ik denk dat het gebruik van technologische hulpmiddelen dit proces kan vergemakkelijken. We kunnen online platforms gebruiken voor stemmen en het delen van ideeën."

Adam: "Goed idee, Hala. Dit zal iedereen in staat stellen deel te nemen, zelfs als ze niet op dezelfde locatie zijn. Daarnaast moeten we een cultuur van transparantie bevorderen, zodat we allemaal de redenen achter de genomen beslissingen begrijpen."

Fatima: "Ja, transparantie is belangrijk. We kunnen regelmatige rapporten verstrekken die uitleggen hoe beslissingen worden genomen en de redenen erachter."

Nada: "En ik denk dat het aanmoedigen van werknemers om hun mening en ideeën te uiten zonder angst voor kritiek een grote stap zal zijn naar het verbeteren van de participatie."

Omar: "We moeten ook trainingssessies organiseren om de vaardigheden voor collectieve besluitvorming binnen het team te verbeteren."

Maya: "Ik ben het ermee eens. We kunnen workshops organiseren om iedereen in deze vaardigheden te trainen en effectieve communicatie te bevorderen."

Adam: "Goed. We zullen beginnen met het identificeren van de soorten beslissingen die collectieve participatie vereisen, het ontwikkelen van een duidelijke besluitvormingsstructuur en het gebruik van geschikte technologische hulpmiddelen. Laten we samen werken om deze cultuur te bevorderen. Bedankt allemaal."

Workshop: Het Verbeteren van Collectieve Besluitvorming

Adam hield een interactieve workshop om de praktijken van collectieve besluitvorming te verbeteren. De workshop was opgedeeld in verschillende sessies gericht op praktische concepten en tools om participatie te bevorderen.

Adam: "Welkom allemaal, vandaag houden we een workshop om de praktijken van collectieve besluitvorming te verbeteren. We beginnen door de workshop op te delen in verschillende sessies gericht op praktische concepten en tools om participatie te bevorderen. Laten we beginnen met de eerste ronde."

Sarah: "Wat is het hoofddoel van deze eerste sessie, Adam?"

Adam: "De eerste sessie gaat over het concept van collectieve besluitvorming en het belang van het betrekken van alle teamleden. Ik zal beginnen met uit te leggen hoe collectieve beslissingen vaak completer en wijzer zijn vanwege de diversiteit van ideeën en ervaringen."

Karim: "Kun je ons een voorbeeld geven, Adam?"

Adam: "Natuurlijk, Karim. Bijvoorbeeld, toen we een nieuw product lanceerden, betrof het besluitvormingsproces alle afdelingen. Dit leidde tot een verbeterd product dankzij de diverse ideeën die door het hele team werden ingebracht. Laten we nu praten over de tools die we kunnen gebruiken om deze participatie te bevorderen."

Leila: "Kunnen we praten over brainstormsessies? Hoe kunnen we die effectief organiseren?"

Adam: "Zeker, Leila. Brainstormsessies zijn een geweldig hulpmiddel. Het is belangrijk om een duidelijk doel voor de sessie vast te stellen en alle leden aan te moedigen hun ideeën vrij te delen zonder angst voor kritiek. We kunnen ook de 'ronde ideeën' techniek gebruiken waarbij elk lid in elke ronde een idee presenteert."

Youssef: "Wat dacht je van het gebruik van technologie? Zijn er tools die ons kunnen helpen om participatie te bevorderen, zelfs als we op verschillende geografische locaties zijn?"

Adam: "Ja, Youssef. Er zijn veel technologische hulpmiddelen zoals online suggestieplatforms en online stemtools. Deze tools maken het gemakkelijk om ideeën snel en efficiënt te delen en erover te stemmen."

Hala: "Ik vraag me af hoe we transparantie kunnen waarborgen in het besluitvormingsproces?"

Adam: "Transparantie is de sleutel, Hala. We moeten informatie en gegevens over beslissingen delen met alle teamleden. We kunnen ook de redenen achter elke beslissing en de mogelijke uitkomsten uitleggen."

Fatima: "Kunnen we een duidelijk besluitvormingsmechanisme ontwikkelen dat alle teamleden omvat?"

Adam: "Absoluut, Fatima. We kunnen de rollen en verantwoordelijkheden van elk lid in het besluitvormingsproces definiëren en de stappen verduidelijken die we zullen volgen. Dit zal helpen om het proces georganiseerder en efficiënter te maken."

Nada: "Hoe zit het met regelmatige vergaderingen? Moeten we die regelmatig houden om de voortgang te volgen?"

Adam: "Ja, Nada. Regelmatige vergaderingen zijn erg belangrijk om de voortgang te beoordelen en de impact te evalueren. We kunnen maandelijkse vergaderingen houden om de plannen te volgen en indien nodig aan te passen."

Omar: "Hoe kunnen we ervoor zorgen dat alle ideeën worden gehoord en overwogen?"

Adam: "We moeten iedereen aanmoedigen om hun meningen en ideeën vrijelijk te uiten. We kunnen technieken gebruiken zoals de 'ronde tafel' waarbij elk lid de kans krijgt om zonder onderbreking te spreken."

Maya: "Kunnen we trainingssessies aanbieden om de vaardigheden van collectieve besluitvorming binnen het team te verbeteren?"

Adam: "Ja, Maya. We zullen workshops en trainingssessies organiseren om deze vaardigheden te verbeteren en effectieve communicatie binnen het team te bevorderen."

Adam: "Goed, laten we nu doorgaan naar de praktische sessie waar we enkele van deze tools in realistische scenario's zullen toepassen. Laten we beginnen."

Strategieën om Deelname en Collectieve Besluitvorming te Bevorderen

1. **Creëer een Aanmoedigende Omgeving voor Deelname:**
   o Moedig werknemers aan om hun meningen en ideeën zonder angst voor kritiek te uiten.
   o Organiseer regelmatig brainstormsessies om ideeën en oplossingen te genereren.
2. **Definieer een Duidelijke Besluitvormingsstructuur:**
   o Stel een duidelijk besluitvormingsmechanisme vast dat alle teamleden omvat.
   o Definieer de rollen en verantwoordelijkheden van elk lid in het besluitvormingsproces.
3. **Gebruik Technologische Hulpmiddelen om Deelname te Bevorderen:**
   o Gebruik technologische hulpmiddelen zoals online suggestie- en stemplatforms.
   o Organiseer virtuele vergaderingen om iedereen in staat te stellen deel te nemen, ongeacht de geografische locatie.
4. **Bevorder een Cultuur van Transparantie:**
   o Deel informatie en gegevens met betrekking tot beslissingen met alle werknemers.
   o Leg de redenen achter beslissingen en de mogelijke uitkomsten uit.

Adam: "Oké, laten we beginnen met het definiëren van een specifiek scenario waaraan we kunnen werken. Wat is het eerste scenario dat we willen bespreken?"

Sarah: "Ik denk dat het verbeteren van de klantenservice een belangrijk gebied is. We kunnen werken aan een scenario over hoe we een plotselinge toename van klantverzoeken kunnen afhandelen."

Adam: "Uitstekend. Laten we beginnen met dit scenario. Eerst zullen we een brainstormsessie gebruiken om ideeën te genereren. Onthoud dat het doel is om zoveel mogelijk ideeën naar voren te brengen. Laten we beginnen met dat ieder van ons één idee voorstelt."

Karim: "We kunnen een speciaal team oprichten om overtollige verzoeken tijdens piektijden af te handelen."

Leila: "Wat dacht je van het verbeteren van het automatische reactiesysteem om verzoeken te sorteren op prioriteit en belangrijkheid?"

Youssef: "We kunnen AI-technologie toepassen om verzoeken te analyseren en de meest effectieve oplossingen voor te stellen."

Hala: "Verhoog de training van werknemers in crisisbeheer en omgaan met hoge druk."

Fatima: "Gebruik projectmanagementtools om de voortgang van elk verzoek bij te houden en ervoor te zorgen dat er geen verloren gaat."

Nada: "Lanceer een speciale app waarmee klanten hun verzoeken kunnen volgen en gemakkelijk klachten of suggesties kunnen indienen."

Omar: "Analyseer eerdere gegevens om de drukste perioden te identificeren en voor te bereiden met extra middelen."

Maya: "Bied incentives voor werknemers die erin slagen om de meeste verzoeken efficiënt af te handelen."

Adam: "Geweldig! We hebben nu een verscheidenheid aan ideeën. Laten we doorgaan naar de volgende stap, namelijk stemmen op de meest haalbare ideeën en ze prioriteren. Ik zal de online stemtool gebruiken waar we het over hebben gehad. Ieder van jullie kan stemmen op de ideeën die hij of zij het meest effectief acht."

(Na de Stemming)

Adam: "Goed, de ideeën die de meeste stemmen hebben gekregen zijn:

- Het creëren van een speciaal team om overtollige verzoeken af te handelen,
- Het implementeren van AI-technologie om verzoeken te analyseren,
- en het lanceren van een speciale app voor klanten. Laten we nu de stappen voor de implementatie van deze ideeën uitwerken."

Karim: "Ik kan de verantwoordelijkheid nemen voor het vormen van het speciale team, het vaststellen van werktijden en het definiëren van contactpunten."

Youssef: "Ik zal de taak op me nemen om de AI-technologie te onderzoeken en te implementeren. Ik heb wat tijd nodig om het beste systeem te identificeren en het team te trainen in het gebruik ervan."

Nada: "Ik zal samenwerken aan de ontwikkeling van de speciale app in samenwerking met de technologie- en marketingteams om ervoor te zorgen dat deze voldoet aan de behoeften van de klant."

Adam: "Uitstekend. Nu hebben we een duidelijk plan. Laten we ervoor zorgen dat we de voortgang van elk idee regelmatig beoordelen. Sarah, kun jij regelmatige vergaderingen organiseren om de voortgang te beoordelen?"

Sarah: "Natuurlijk, ik zal maandelijkse vergaderingen plannen om de voortgang te beoordelen en de nodige rapporten te verstrekken."

Adam: "Geweldig. Dus we hebben een werkplan en een opvolgsysteem. Bedankt allemaal voor jullie actieve bijdragen. Dit is een geweldig voorbeeld van hoe collectieve besluitvorming kan leiden tot tastbare resultaten. Laten we doorgaan met werken in dezelfde geest en deze strategieën toepassen in andere gebieden."

Verbetering van Interne Operaties

In een poging om de interne operaties te verbeteren, besloot het management van "Tech Excel" om alle werknemers te betrekken bij het verbeterproces. Er werd een online platform gecreëerd om suggesties en ideeën van werknemers uit alle afdelingen te verzamelen. Dankzij dit initiatief werden verschillende verbeteringen doorgevoerd, wat leidde tot een hogere efficiëntie en lagere kosten.

Lessen Geleerd

1. **Het Belang van Deelname aan Besluitvorming:**
   - Deelname verbetert de kwaliteit van beslissingen en vergroot de betrokkenheid van werknemers bij de uitvoering.
   - Collectieve beslissingen profiteren van de diversiteit aan ideeën en ervaringen.
2. **Strategieën om Deelname te Verbeteren:**
   - Het creëren van een aanmoedigende omgeving voor deelname helpt bij het verzamelen van diverse ideeën en innovatieve oplossingen.
   - Het gebruik van technologische hulpmiddelen kan de effectiviteit van deelname en de eenvoud van uitvoering verbeteren.
   - Transparantie in het besluitvormingsproces bouwt vertrouwen op en vergroot de betrokkenheid.
3. **Succesverhalen die de Effectiviteit van Deelname Bevestigen:**
   - Het betrekken van werknemers bij de besluitvorming leidt tot tastbare verbeteringen in producten en processen.
   - Succesvolle ervaringen benadrukken het belang van het duurzaam toepassen van deze praktijken.

Door de deelname van werknemers aan het collectieve besluitvormingsproces te verbeteren, konden Adam en zijn team bij "Tech Excel" de kwaliteit van de beslissingen verbeteren en de betrokkenheid van de werknemers bij de uitvoering vergroten. Deze stap was cruciaal voor het versterken van de bedrijfscultuur en het bereiken van duurzaam succes, wat bevestigt dat actieve deelname de sleutel is tot succes in de moderne werkomgeving.

Hulpmiddelen en Praktische Oefeningen

Hulpmiddel: Planmodel voor het Verbeteren van Deelname aan Besluitvorming

1. **Identificeer Uitdagingen:** Wat zijn de uitdagingen waarmee het team te maken heeft in het besluitvormingsproces?
2. **Impactanalyse:** Wat is de impact van deze uitdagingen op de kwaliteit van de beslissingen en de tevredenheid van de werknemers?
3. **Strategieën Ontwikkelen om Deelname te Verbeteren:** Welke strategieën zullen we gebruiken om de deelname van werknemers aan de besluitvorming te verbeteren?
4. **Strategieën Implementeren:** Hoe zullen we deze strategieën in het dagelijks werk toepassen?
5. **Voortgang Bewaken:** Hoe zullen we de impact van de strategieën evalueren en de nodige aanpassingen maken?

Oefening: Workshop voor het Verbeteren van Groepsbesluitvorming

Verzamel je team voor een workshop om mogelijke uitdagingen te identificeren en strategieën te ontwikkelen om deelname aan de besluitvorming te verbeteren. Gebruik brainstormsessies om de impact te analyseren en gedetailleerde plannen voor elk team te ontwikkelen.

Inspirerende Citaten

"Deelname is het geheim van succes in de moderne werkomgeving." – Anoniem

"Collectieve besluitvorming is het resultaat van meerdere geesten en diverse ervaringen." - Anoniem

---

Discussievragen

1. Hoe kan je team de deelname aan het besluitvormingsproces verbeteren?
2. Welke strategieën kunnen worden gebruikt om effectieve deelname te bevorderen?
3. Hoe kun je de snelheid van besluitvorming in evenwicht brengen met de kwaliteit die voortvloeit uit deelname?

Hoofdstuk Elf: Ontwikkelen van een Samenwerkende Werkomgeving

Verhaal: Samenwerking Bevorderen bij Tech Excel

Na het behalen van aanzienlijke successen door verschillende operaties te verbeteren, realiseerde Adam zich dat de volgende stap om duurzaam succes te garanderen het ontwikkelen van een samenwerkende werkomgeving was. Hij wist dat effectieve samenwerking tussen teams en individuen kon leiden tot hogere niveaus van creativiteit en efficiëntie.

De Uitdaging: Samenwerking tussen Teams Bevorderen

Tijdens een van de maandelijkse vergaderingen merkte Adam op dat sommige teams geïsoleerd werkten, wat leidde tot een gebrek aan communicatie en samenwerking tussen verschillende afdelingen. Het doel was om deze barrières af te breken en een samenwerkende werkomgeving te bevorderen die bijdraagt aan het bereiken van gemeenschappelijke doelen.

Het Belang van Samenwerking op de Werkvloer

Adam begon met het uitleggen van het belang van samenwerking op de werkvloer. Hij wees erop dat samenwerken de uitwisseling van ideeën en ervaringen bevordert en bijdraagt aan snellere en effectievere probleemoplossing. Bovendien versterkt samenwerking de teamgeest en verhoogt het de werktevredenheid.

Adam: "Welkom bij onze maandelijkse vergadering. Er is een belangrijk onderwerp dat ik vandaag wil bespreken. Ik heb gemerkt dat sommige teams geïsoleerd werken, wat heeft geleid tot een gebrek aan communicatie en samenwerking tussen verschillende afdelingen. Ons doel is om deze barrières af te breken en een samenwerkende werkomgeving te bevorderen die bijdraagt aan het bereiken van gemeenschappelijke doelen."

Sarah: "Ja, dat heb ik ook gemerkt in de klantenservice afdeling. Sommige uitdagingen die we tegenkomen, kunnen beter worden opgelost als we communiceren met andere teams, vooral met de technische afdeling."

Karim: "Ik geloof dat samenwerking tussen afdelingen zal helpen onze marketingstrategieën te verbeteren. Als we een beter begrip hebben van de uitdagingen waarmee de technische of klantenservice afdelingen worden geconfronteerd, kunnen we onze inspanningen effectiever richten."

Adam: "Precies. Samenwerken bevordert de uitwisseling van ideeën en ervaringen en draagt bij aan snellere en effectievere probleemoplossing. Bovendien versterkt samenwerking de teamgeest en verhoogt het de werktevredenheid. Laten we bespreken hoe we deze samenwerking kunnen verbeteren."

Youssef: "Wat als we regelmatig vergaderingen organiseren tussen de verschillende afdelingen om gezamenlijke projecten en de uitdagingen die we tegenkomen te bespreken? Deze vergaderingen kunnen een kans zijn om ideeën uit te wisselen en aan gemeenschappelijke oplossingen te werken."

Laila: "Goed idee. Ik denk ook dat we projectmanagementtools kunnen gebruiken die alle teams in staat stellen de voortgang en uitdagingen van andere afdelingen te zien."

Hala: "Ja, en we zouden ook interactieve trainingsworkshops kunnen organiseren die werknemers van verschillende afdelingen samenbrengen om samen specifieke problemen op te lossen. Dit zou helpen sterkere relaties tussen teams op te bouwen en de samenwerking te bevorderen."

Adam: "Geweldig, laten we enkele praktische stappen schetsen om deze ideeën uit te voeren. Youssef, kun je de regelmatige interdepartementale vergaderingen organiseren?"

Youssef: "Natuurlijk, ik zal volgende week een eerste vergadering organiseren, en we zullen zien hoe we dit systeem regelmatig kunnen opzetten."

Laila: "Ik zal de beschikbare projectmanagementtools bekijken en bepalen welke het meest geschikt zijn voor ons bedrijf."

Hala: "En ik zal werken aan het organiseren van de eerste interactieve trainingsworkshop die werknemers van verschillende afdelingen samenbrengt. We kunnen beginnen met een kleine workshop en deze dan geleidelijk uitbreiden."

Adam: "Uitstekend. Laten we beginnen met het uitvoeren van deze ideeën en de voortgang volgen in onze volgende vergadering. Dank jullie allemaal voor jullie enthousiasme en samenwerking. Samen kunnen we een meer samenwerkende en effectieve werkomgeving creëren."

Eerste Interdepartementale Vergadering:

Youssef: "Hallo iedereen, bedankt voor jullie aanwezigheid vandaag. Zoals jullie weten, zijn we hier om een systeem van regelmatige interdepartementale vergaderingen te starten om samenwerking en communicatie te verbeteren. Dit is onze eerste sessie en ik zou graag enkele belangrijke punten bespreken en bepalen hoe we effectiever kunnen samenwerken."

Sarah: "Ik vind dit een geweldig idee, Youssef. In de klantenserviceafdeling staan we voor enkele uitdagingen die we naar mijn mening beter zouden kunnen aanpakken als we met andere afdelingen samenwerken."

Karim: "Ja, en vanuit onze kant van marketing hebben we een beter begrip nodig van de uitdagingen waarmee de afdelingen technologie en klantenservice worden geconfronteerd, zodat we onze inspanningen gerichter kunnen inzetten."

Laila: "Ik ben het daarmee eens. In financiën is het belangrijk voor ons om te begrijpen hoe beslissingen van andere afdelingen invloed hebben op onze budgetten en middelenallocatie."

Youssef: "Uitstekend. Laten we beginnen met het vaststellen van enkele kernobjectieven voor deze vergaderingen. Ik denk dat het eerste doel moet zijn om de gemeenschappelijke uitdagingen die we tegenkomen te identificeren en aan gezamenlijke oplossingen te werken."

Hala: "Goed idee. We kunnen ook een deel van de vergadering reserveren voor het uitwisselen van updates over lopende projecten in elke afdeling, wat ons zal helpen om op de hoogte te blijven en te zien hoe we elkaar kunnen ondersteunen."

Nadia: "Ik denk dat het gebruik van projectmanagementtools hierbij kan helpen. We kunnen een platform gebruiken waarmee we updates kunnen delen, voortgang kunnen volgen en uitdagingen kunnen monitoren."

Youssef: "Zeker, we moeten de tools bepalen die we zullen gebruiken. Ik geloof dat Laila al bezig is met het beoordelen van beschikbare tools en aanbevelingen zal doen tijdens onze volgende vergadering."

Laila: "Zeker."

Youssef: "Geweldig. Laten we nu bespreken hoe we deze vergaderingen zullen organiseren. Wat zou een geschikte frequentie zijn? Hebben jullie een voorkeur voor wekelijkse of tweewekelijkse vergaderingen?"

Sarah: "Ik denk dat tweewekelijkse vergaderingen geschikt zouden zijn. Dit geeft ons voldoende tijd om te werken aan de taken en uitdagingen die we in de vergaderingen bespreken."

Karim: "Akkoord. Tweewekelijks lijkt gepast, en we kunnen het schema altijd aanpassen indien nodig."

Youssef: "Prima, dan beginnen we met vergaderingen om de twee weken. We zullen deze vergaderingen gebruiken om uitdagingen te bespreken, updates uit te wisselen en samen aan oplossingen te werken. Zijn er nog andere suggesties voordat we afsluiten?"

Hala: "Ik denk het niet. Ik geloof dat we op de goede weg zijn. Bedankt voor het organiseren, Youssef."

Youssef: "Bedankt allemaal voor jullie aanwezigheid en deelname. Laten we deze vergaderingen effectief maken en betere samenwerking bereiken. We zien elkaar over twee weken weer. Dank jullie wel!"

Workshop: Versterken van de Samenwerking Tussen Afdelingen

Voorbereiding en Opstelling:

- **Selectie van Deelnemers:** Kies een aantal medewerkers uit elke afdeling (Marketing, Klantenservice, Financiën, Technologie, Personeelszaken) om de eerste workshop bij te wonen.
- **Doelstellingen Bepalen:** Het belangrijkste doel is om de samenwerking te versterken en ideeën en ervaringen uit te wisselen om gezamenlijke problemen op te lossen.
- **Hulpmiddelen en Materialen:** Voorbereiden van trainingsmaterialen en benodigde hulpmiddelen (bijv. werkbladen, brainstorm-tools, interactieve technieken).

Begin van de Workshop:

Hala: "Welkom bij onze eerste training-workshop over het versterken van de samenwerking tussen afdelingen. Ik ben blij jullie hier vandaag te zien. Ons doel is om samen te werken om de samenwerking te verbeteren en ideeën en ervaringen tussen de verschillende afdelingen uit te wisselen."

Opening Sessie:

Adam: "Bedankt, Hala. Ik wil beginnen met uit te leggen waarom we deze workshop belangrijk vinden. Samenwerking tussen afdelingen is niet alleen een goed idee, het is essentieel om onze gezamenlijke doelen effectiever te bereiken. Laten we beginnen met een korte introductiesessie."

Sessie 1: Teambuilding en Introductie

- **Introductie Activiteit:** De deelnemers worden in kleine teams verdeeld, waar elk lid elkaar leert kennen en informatie deelt over hun rol en dagelijkse uitdagingen.
- **Rol Wisselen:** Elke deelnemer legt de andere teamleden uit wat hun taken en verantwoordelijkheden zijn.

Youssef: "Het is nuttig om de rollen en verantwoordelijkheden van onze collega's te begrijpen. Dit helpt ons om de uitdagingen die elke afdeling tegenkomt te waarderen en hoe we elkaar kunnen ondersteunen."

Sessie 2: Brainstormen voor Probleemoplossing

- **Identificatie van Gemeenschappelijke Problemen:** Identificeer een reeks uitdagingen waarmee het bedrijf wordt geconfronteerd en die gezamenlijke oplossingen vereisen.
- **Brainstormsessies:** De teams brainstormen om creatieve oplossingen voor deze uitdagingen te bedenken.
- **Presentatie van Resultaten:** Elk team presenteert zijn resultaten en suggesties aan de andere teams.

Sarah: "We hebben gemerkt dat sommige uitdagingen die we ondervinden in klantenservice beter opgelost kunnen worden als we samenwerken met de technologiedepartement om onze tools te verbeteren."

Sessie 3: Ontwikkeling van Samenwerkingsstrategieën

- **Opstellen van Samenwerkingsplannen:** Ontwikkel praktische plannen om de samenwerking tussen de afdelingen te verbeteren, inclusief het opzetten van regelmatige communicatie en informatie-uitwisseling.
- **Definiëren van Verantwoordelijkheden:** Wijs rollen en verantwoordelijkheden toe aan elke afdeling voor de uitvoering van de samenwerkingsplannen.

Karim: "Het is goed om duidelijke contactpunten tussen de verschillende afdelingen vast te stellen om een soepel informatieverkeer te waarborgen."

Slot Sessie: Evaluatie en Follow-up

- **Evaluatie:** De workshop wordt geëvalueerd door de deelnemers om te bekijken wat er is geleerd en hoe toekomstige workshops kunnen worden verbeterd.
- **Follow-up:** Bepaal de vervolgstappen om een effectieve uitvoering van de samenwerkingsplannen te waarborgen.

Hala: "Bedankt iedereen voor jullie actieve deelname. We zullen jullie feedback verzamelen om toekomstige workshops te verbeteren en ze uit te breiden naar meer medewerkers."

Adam: "Deze workshop was een belangrijke eerste stap naar het versterken van de samenwerking tussen onze afdelingen. Laten we blijven samenwerken om onze gezamenlijke doelen te bereiken."

Strategieën voor het Ontwikkelen van een Samenwerkende Werkomgeving

1. **Moedig Open en Eerlijke Communicatie Aan:**
   - Regelmatige vergaderingen tussen teams organiseren om gezamenlijke projecten en uitdagingen te bespreken.
   - Technologische hulpmiddelen gebruiken die directe en onmiddellijke communicatie tussen medewerkers vergemakkelijken.
2. **Teamgeest Versterken:**
   - Teambuildingactiviteiten organiseren die de banden tussen medewerkers versterken.
   - Medewerkers aanmoedigen om deel te nemen aan sociale evenementen en externe activiteiten.
3. **Ontwikkel Samenwerkende Werkruimtes:**
   - Open werkruimtes ontwerpen die medewerkers gemakkelijk laten interageren.
   - Gemeenschappelijke ruimtes bieden voor informele vergaderingen en het uitwisselen van ideeën.
4. **Aanbieden van Training in Samenwerkingsvaardigheden:**
   - Trainingsprogramma's aanbieden die gericht zijn op effectieve communicatie en teamwork vaardigheden.

- Leiderschapsvaardigheden in samenwerking verbeteren die ideeëngedeeld en respect voor diverse perspectieven bevorderen.
5. **Moedig Gezamenlijke Projecten Aan:**
    - Teams aanmoedigen om samen te werken aan gezamenlijke projecten die verschillende expertise combineren.
    - Beloningen en incentives bieden voor teams die succesvol zijn in gezamenlijke projecten.

Succesverhalen van het Versterken van Samenwerking in het Bedrijf

Succesverhaal van het Marketing- en Sales Team:

Bij een project voor de lancering van een nieuw product werkte het marketingteam nauw samen met het verkoopteam. Gezamenlijke brainstormsessies en voortdurende uitwisseling van ideeën werden georganiseerd. Dankzij deze samenwerking werd een succesvolle marketingcampagne ontwikkeld, wat leidde tot een significante stijging van de verkopen in korte tijd.

Verbetering van Interne Processen:

Het HR-team werkte samen met het IT-team om een nieuw prestatiemanagementsysteem te ontwikkelen. Dankzij de continue samenwerking en coördinatie tussen de twee teams werd het systeem succesvol geïmplementeerd, wat leidde tot verbeterde prestatie-evaluatieprocessen en verhoogde transparantie in de beoordelingen.

Lessen Geleerd:
1. **Het Belang van Samenwerking op de Werkplek:**
   - Samenwerking bevordert het delen van ideeën en creativiteit, en verhoogt de efficiëntie bij probleemoplossing.
   - Een samenwerkende werkomgeving draagt bij aan hogere werknemerstevredenheid en versterkt de teamgeest.
2. **Effectieve Strategieën voor het Ontwikkelen van een Samenwerkende Werkomgeving:**
   - Open en eerlijke communicatie aanmoedigen helpt bij het opbouwen van samenwerkingsbruggen tussen teams.
   - Teambuilding-activiteiten organiseren en samenwerkende werkruimtes ontwikkelen versterkt de banden tussen medewerkers.
   - Training in samenwerkingsvaardigheden aanbieden verbetert de effectiviteit van teamwork.
3. **Succesverhalen die de Effectiviteit van Samenwerking Aantonen:**
   - Gezamenlijke inspanningen tussen marketing- en verkoopteams leidden tot een succesvolle marketingcampagne en een toename van de verkopen.
   - Verbetering van interne processen door samenwerking tussen HR en IT.

Door een samenwerkende werkomgeving te bevorderen, bereikten Adam en zijn team bij "Tech Excel" hogere niveaus van creativiteit en efficiëntie. Deze stap was cruciaal voor het verbeteren van de bedrijfscultuur en het verhogen van de werknemerstevredenheid, en benadrukt dat effectieve samenwerking de sleutel is tot succes in de moderne werkplek.

Tools en Praktische Oefeningen om Team Samenwerking te Versterken

Tool: Samenwerkend Team Building Model

1. **Het Stellen van Gemeenschappelijke Doelen:**
   - Wat zijn de belangrijkste doelen die elk team probeert te bereiken?
   - Hoe kunnen deze doelen worden geïntegreerd om gezamenlijk succes te behalen?
2. **Effectieve Communicatiekanalen Creëren:**
   - Welke tools en technologieën kunnen worden gebruikt om de communicatie tussen teams te verbeteren?
   - Hoe kan toegang tot informatie en middelen tussen afdelingen worden vergemakkelijkt?
3. **Het Stimuleren van Ideeënuitwisseling:**
   - Hoe kan een omgeving worden gecreëerd die medewerkers aanmoedigt om hun ideeën vrij te delen?
   - Wat zijn de manieren om nieuwe ideeën te waarderen en te belonen?
4. **Het Versterken van Teamwork:**
   - Welke activiteiten en oefeningen kunnen worden georganiseerd om de teamgeest te bevorderen?
   - Hoe kunnen taken worden toegewezen op een manier die samenwerking bevordert en gebruik maakt van de vaardigheden van alle leden?
5. **Voortgang Monitoren en Evalueren:**
   - Welke criteria kunnen worden gebruikt om het niveau van samenwerking tussen teams te meten?

- Hoe kan constructieve feedback worden gegeven om samenwerkingsprocessen te verbeteren?

Oefening: Workshop om Samenwerking te Versterken

Doel: Om samenwerking en het delen van ideeën tussen werknemers van verschillende afdelingen te versterken.

1. **Kennismakingsactiviteit:**
   - Verdeel de deelnemers in gemengde teams.
   - Laat elk lid zichzelf voorstellen en informatie delen over zijn of haar rol en dagelijkse uitdagingen.
2. **Brainstormsessie:**
   - Identificeer een gemeenschappelijk probleem of uitdaging die opgelost moet worden.
   - Laat de teams samenwerken om creatieve oplossingen voor te stellen.
3. **Presentatie van Resultaten:**
   - Laat elk team hun ideeën en suggesties presenteren aan de andere deelnemers.
   - Bespreek hoe deze ideeën praktisch kunnen worden geïmplementeerd.
4. **Het Creëren van Samenwerkingsplannen:**
   - Laat de teams praktische plannen ontwikkelen om de samenwerking tussen afdelingen te verbeteren.
   - Definieer de rollen en verantwoordelijkheden van elke afdeling bij de uitvoering van deze plannen.

Inspirerende Citaten

"Samenwerking is het vermogen om samen te werken aan een gemeenschappelijke visie. Het is de brandstof die individuen in staat stelt om buitengewone resultaten te bereiken." - Andrew Carnegie

"Teamwork is de sleutel tot succes, en hoe meer we samenwerken, hoe sterker we worden." - Henry Ford

"Samenwerking is wat ons samenbrengt, en teamwork is wat ons succesvol maakt." - Steve Jobs

---

Discussievragen

1. Hoe kunnen we de samenwerking tussen teams in ons bedrijf verbeteren?
2. Welke uitdagingen staan samenwerking tussen verschillende afdelingen in de weg, en hoe kunnen we deze overwinnen?
3. Hoe kunnen we de tools en methoden voor communicatie tussen afdelingen verbeteren?
4. Welke strategieën kunnen we gebruiken om de teamgeest onder medewerkers te versterken?
5. Hoe kunnen onze toekomstige projecten profiteren van samenwerking tussen teams?

Hoofdstuk 12: Periodieke Prestatie-evaluatie

Verhaal: De Ervaring van Tech Excel met Prestatie-evaluatie

Adam wist dat het behouden van het succes dat Tech Excel had bereikt, een sterk mechanisme voor periodieke prestatie-evaluatie vereiste. Hij wilde ervoor zorgen dat elke medewerker zich gewaardeerd en begeleid voelde, en dat hij of zij zich bewust was van hun prestatieniveau en toekomstige doelen.

De Uitdaging: Prestaties Effectief en Eerlijk Evalueren

In het begin stonden Adam en het leiderschapsteam voor de uitdaging om een prestatie-evaluatiesysteem te ontwerpen dat zowel eerlijk als effectief was. Sommige medewerkers hadden het gevoel dat eerdere beoordelingen niet transparant of eerlijk waren, wat hun tevredenheid en prestaties beïnvloedde. Daarom was het noodzakelijk om het proces te herstructureren om het transparanter en objectiever te maken.

Adam: "Hallo allemaal. Bedankt dat jullie er vandaag zijn. We hebben een grote uitdaging voor ons liggen, namelijk het herontwerpen van het prestatie-evaluatiesysteem zodat het transparanter en eerlijker wordt. Ik heb feedback ontvangen van verschillende medewerkers dat het huidige systeem gebrek aan transparantie en objectiviteit heeft, wat hun tevredenheid en prestaties negatief beïnvloedt."

Layla: "Ja, ik heb dat ook gehoord van enkele collega's in de financiële afdeling. Ze hebben het gevoel dat de beoordelingen niet gebaseerd zijn op duidelijke criteria, en dit veroorzaakt veel frustratie."

Hala: "In de klantenserviceafdeling heerst een soortgelijk gevoel. We hebben een systeem nodig dat duidelijk maakt wat er van iedereen wordt verwacht en hoe ze hun prestaties continu kunnen verbeteren."

Karim: "Ik denk dat de eerste stap die we moeten nemen is om duidelijke en objectieve criteria vast te stellen voor prestatie-evaluatie. Medewerkers moeten weten welke doelen ze moeten bereiken en hoe ze worden beoordeeld."

Youssef: "Ik ben het met je eens, Karim. Het is ook belangrijk dat er voortdurende communicatie is tussen supervisors en medewerkers. De evaluatie moet een doorlopend proces zijn en niet slechts een jaarlijks evenement."

Adam: "Precies. Laten we beginnen met het identificeren van enkele basiscriteria die we nodig hebben in het nieuwe systeem. Welke factoren beschouwen we als essentieel voor een eerlijke prestatie-evaluatie?"

Sara: "Ik denk dat individuele prestaties moeten worden beoordeeld op basis van specifieke criteria zoals het behalen van doelen, de kwaliteit van het werk en het naleven van deadlines."

Layla: "We moeten ook interpersoonlijke vaardigheden overwegen, zoals het vermogen om in een team te werken, initiatief en probleemoplossend vermogen."

Karim: "En laten we het belang van continu leren en ontwikkelen niet vergeten. Er zou een onderdeel in de beoordeling kunnen zijn dat afhangt van hoeveel een medewerker investeert in het ontwikkelen van zijn of haar vaardigheden."

Adam: "Goed, we hebben dus verschillende basiscriteria: individuele prestaties, interpersoonlijke vaardigheden en continu leren en ontwikkelen. Laten we nu nadenken over hoe we deze criteria transparant kunnen maken voor iedereen. Wat denken jullie van het opstellen van een uitgebreide handleiding die uitlegt hoe elk criterium zal worden beoordeeld?"

Youssef: "Geweldig idee. De handleiding kan voorbeelden bevatten van gedragingen en acties die laten zien hoe deze criteria worden bereikt."

Sara: "We zouden ook trainingsworkshops kunnen organiseren voor supervisors en medewerkers om het nieuwe systeem uit te leggen en hoe het effectief te gebruiken."

Adam: "Uitstekend. Laten we een actieplan opstellen om dit systeem te implementeren. Layla, kun jij werken aan het opstellen van de eerste versie van de handleiding?"

Layla: "Natuurlijk, ik begin er meteen mee."

Youssef: "Ik ga aan de slag met het organiseren van de trainingsworkshops. We kunnen volgende week beginnen met de eerste workshop."

Adam: "Geweldig. Bedankt allemaal voor de fantastische ideeën. Ik ben ervan overtuigd dat dit nieuwe systeem het prestatie-evaluatieproces eerlijker en transparanter zal maken, wat de tevredenheid en motivatie van de medewerkers zal vergroten."

Iedereen: "Dank je, Adam."

Het Belang van Regelmatige Prestatie-evaluatie

Het belang van regelmatige prestatie-evaluatie kan niet genoeg worden benadrukt. Het gaat niet alleen om het meten van prestaties, maar ook om het bevorderen van persoonlijke en professionele groei van werknemers. Regelmatige evaluaties helpen bij:

- Het identificeren van de sterke en zwakke punten van medewerkers.
- Het bieden van constructieve feedback om de prestaties te verbeteren.
- Het vaststellen van toekomstige doelen en het begeleiden van loopbanen.
- Het motiveren van medewerkers door hun prestaties te erkennen en passende beloningen aan te bieden.

Workshop: Het Ontwerpen van een Prestatie-evaluatiesysteem

Youssef: "Hallo iedereen. Bedankt dat jullie vandaag aanwezig zijn bij de eerste workshop over het nieuwe prestatie-evaluatiesysteem. Ons doel vandaag is om het nieuwe systeem uit te leggen en hoe het effectief te gebruiken om transparantie en rechtvaardigheid in prestatie-evaluaties te waarborgen. Laten we beginnen met het schetsen van de belangrijkste criteria die we in de evaluatie zullen gebruiken."

Layla: "De belangrijkste criteria die we hebben geïdentificeerd zijn: individuele prestaties, interpersoonlijke vaardigheden en continu leren en ontwikkelen. Elk criterium wordt beoordeeld op basis van een reeks specifieke gedragingen en handelingen."

Sara: "Laten we elk criterium afzonderlijk uitleggen en toelichten hoe het zal worden beoordeeld. Voor individuele prestaties kijken we naar het behalen van doelen, de kwaliteit van het werk en het halen van deadlines. Werknemers kunnen maandelijkse of driemaandelijkse rapporten indienen waarin ze hun prestaties en behaalde doelen belichten."

Karim: "Voor interpersoonlijke vaardigheden beoordelen we het vermogen om in een team te werken, initiatief en probleemoplossend vermogen. Leidinggevenden kunnen voorbeelden geven van specifieke gedragingen die ze gedurende het jaar hebben waargenomen."

Youssef: "Continu leren en ontwikkelen zal gebaseerd zijn op de investering van de werknemer in vaardigheidsontwikkeling. Werknemers kunnen certificaten indienen van de trainingen die ze hebben gevolgd of nieuwe projecten waar ze aan hebben gewerkt om hun vaardigheden te verbeteren."

Adam: "Goed, laten we nu doorgaan met een praktische activiteit. Ik zal jullie in kleine groepen verdelen, en elke groep zal werken aan het creëren van praktische voorbeelden van hoe deze criteria kunnen worden toegepast in prestatie-evaluaties."

(De deelnemers worden in kleine groepen verdeeld en elke groep begint met het maken van praktische voorbeelden.)

Youssef (na 20 minuten): "Laten we nu horen wat de teams hebben bedacht. Team Sara, kunnen jullie beginnen?"

Sara: "Natuurlijk. Voor het criterium individuele prestatie hebben we vastgesteld dat het behalen van doelen kan worden beoordeeld aan de hand van de Key Performance Indicators (KPI's) die aan het begin van het jaar zijn afgesproken. Bijvoorbeeld, in klantenservice kan een KPI het klanttevredenheidspercentage zijn."

Layla: "Ons team heeft gesuggereerd dat voor teamworkvaardigheden de evaluatie kan worden gebaseerd op feedback van collega's en de betrokkenheid van de medewerker bij teamprojecten. Voorbeelden van positieve gedragingen kunnen actieve deelname aan vergaderingen en het bieden van hulp aan collega's zijn."

Karim: "Ons team heeft zich gericht op continu leren en ontwikkelen. We hebben voorgesteld dat van medewerkers wordt verwacht dat ze rapporten indienen over gevolgde trainingen of behaalde certificaten. Ontwikkeling kan ook worden beoordeeld aan de hand van innovatieve projecten waaraan ze werken."

Youssef: "Geweldig! Bedankt allemaal voor de uitstekende ideeën. Laten we nu bespreken hoe we transparantie in het evaluatieproces kunnen waarborgen. Layla, heb je ideeën?"

Layla: "Ja, we kunnen een uitgebreide gids opstellen die uitlegt hoe elk criterium wordt beoordeeld, samen met specifieke voorbeelden. We kunnen ook regelmatige sessies organiseren om de beoordelingen met medewerkers te bespreken en ervoor te zorgen dat ze de criteria begrijpen en weten hoe ze hun prestaties kunnen verbeteren."

Adam: "Ik denk dat het belangrijk is om voortdurende communicatie tussen supervisors en medewerkers te hebben. We zouden halfjaarlijkse vergaderingen kunnen houden om de voortgang van de prestaties te bespreken en constructieve feedback te geven."

Youssef: "Precies. We zullen ook werken aan het creëren van een online platform waarmee medewerkers hun voortgang kunnen volgen en relevante documenten met betrekking tot hun beoordelingen kunnen uploaden."

Hala: "Zijn er nog andere vragen of suggesties?"

Deelnemer: "Ik denk dat regelmatige trainingssessies ons zouden helpen om het systeem beter te begrijpen en ervoor te zorgen dat het effectief wordt toegepast."

Youssef: "Uitstekend idee. We zullen periodieke training workshops organiseren om het systeem toe te lichten en iedereen te helpen het effectief te gebruiken."

Adam: "Bedankt allemaal voor jullie actieve deelname. Laten we samenwerken om het succes van dit systeem te waarborgen en een eerlijke en transparante werkomgeving te creëren."

Strategieën voor Regelmatige Prestatiebeoordeling

1. **Duidelijke Evaluatiecriteria Vaststellen:**
    - Specifieke prestatiecriteria voor elke rol definiëren, inclusief kwantitatieve en kwalitatieve doelen.
    - Zorgen dat de criteria door alle medewerkers worden begrepen en geaccepteerd.
2. **360-Graden Volledige Evaluatie:**
    - Feedback verzamelen van verschillende collega's, managers en klanten om een

volledig beeld van de prestaties van de medewerker te krijgen.
- Technologie gebruiken om de feedbackverzameling en -analyse te vergemakkelijken.

3. **Regelmatige Evaluatieperiodes Instellen:**
   - Halfjaarlijkse en jaarlijkse beoordelingen uitvoeren om continue prestatiemonitoring te waarborgen.
   - Regelmatige beoordelingssessies organiseren om voortgang en uitdagingen te bespreken.

4. **Constructieve en Tijdige Feedback Geven:**
   - Constructieve feedback geven om medewerkers te helpen hun prestaties te verbeteren.
   - Feedback direct na belangrijke gebeurtenissen geven om tijdigheid en objectiviteit te waarborgen.

5. **Persoonlijke Groei Plannen Ontwikkelen:**
   - Met elke medewerker werken aan het ontwikkelen van een persoonlijk groeiplan dat doelen en benodigde training voor prestatieverbetering definieert.
   - Ondersteuning en middelen bieden om deze doelen te bereiken.

Succesverhalen van de Implementatie van het Nieuwe Prestatiebeoordelingssysteem

Sara's Succesverhaal:
Sara, een technische ondersteuning medewerker bij "Tech Excel," voelde zich ontevreden door een gebrek aan begeleiding en erkenning. Na de implementatie van het nieuwe beoordelingssysteem ontving ze

constructieve feedback over haar sterke punten en verbeterpunten. Er werd een opleidingsplan ontwikkeld om haar technische vaardigheden te verbeteren. Dankzij deze inspanningen verbeterde Sara's prestaties aanzienlijk, nam haar werktevredenheid toe en kreeg ze een promotie als erkenning voor haar inspanningen.

Verbetering van de Algemene Bedrijfsprestaties:
Door regelmatige beoordelingen ontdekte het leiderschapsteam dat sommige processen verbeterd moesten worden. Feedback van medewerkers werd verzameld om verbeterpunten te identificeren. Dit leidde tot de ontwikkeling van nieuwe procedures die de efficiëntie van het werk verhoogden en fouten verminderden, wat bijdroeg aan een verbeterde algehele bedrijfsprestatie en verhoogde klanttevredenheid.

Lessen Geleerd:
1. **Belang van Regelmatige Prestatiebeoordelingen:**
    - Regelmatige beoordelingen bevorderen de persoonlijke en professionele groei van medewerkers.
    - Helpt bij het identificeren van sterke en zwakke punten en het bieden van de juiste ondersteuning om prestaties te verbeteren.
2. **Effectieve Strategieën voor Prestatiebeoordeling:**
    - Het vaststellen van duidelijke en uitgebreide beoordelingscriteria zorgt voor eerlijkheid en transparantie.
    - Het gebruik van 360-graden beoordelingen biedt een compleet beeld van de prestaties van de medewerker.
    - Het geven van constructieve en tijdige feedback verbetert de timing en effectiviteit van beoordelingen.

3. **Succesverhalen die de Effectiviteit van Regelmatige Beoordelingen Bevestigen:**
    - Verbetering van medewerkerprestaties en werktevredenheid door middel van regelmatige beoordelingen en constructieve feedback.
    - Ontwikkeling van bedrijfsprocessen en verhoging van de efficiëntie door regelmatige feedbackverzameling en -analyse.

Door de implementatie van een regelmatig prestatiebeoordelingssysteem, hebben Adam en zijn team bij "Tech Excel" de prestaties van medewerkers kunnen verbeteren en de werktevredenheid kunnen verhogen. Deze stap was cruciaal voor de groei van het bedrijf en de ontwikkeling van zijn concurrentievermogen, wat bevestigt dat regelmatige beoordelingen niet alleen een meetinstrument zijn, maar ook een middel voor continue ontwikkeling en motivatie.

Hulpmiddelen en praktische oefeningen

Hulpmiddel: Regelmatig prestatiebeoordelingssysteem

1. **Het vaststellen van prestatiecriteria:**
   - Wat zijn de belangrijkste criteria die moeten worden gebruikt om de prestaties van medewerkers te beoordelen?
   - Hoe kunnen deze criteria worden vastgesteld zodat ze duidelijk en begrijpelijk zijn voor alle medewerkers?
2. **360-graden feedback:**
   - Wat zijn de verschillende bronnen waaruit feedback kan worden verzameld om een volledige beoordeling te geven?
   - Hoe kan technologie worden gebruikt om het verzamelen en analyseren van feedback te vergemakkelijken?
3. **Regelmatige evaluatieperioden instellen:**
   - Hoe vaak moeten evaluaties worden uitgevoerd om doorlopende prestaties te waarborgen?
   - Wat zijn de beste tijden van het jaar om deze evaluaties uit te voeren?
4. **Constructieve en onmiddellijke feedback geven:**
   - Hoe kan feedback op een constructieve manier worden gegeven om medewerkers te helpen hun prestaties te verbeteren?
   - Wat is de beste manier om feedback onmiddellijk na belangrijke gebeurtenissen te geven om timing en objectiviteit te waarborgen?
5. **Persoonlijke groeiplannen ontwikkelen:**
   - Hoe kan met elke medewerker worden samengewerkt om een persoonlijk

groeiplan te ontwikkelen dat doelen en trainingen identificeert die nodig zijn om de prestaties te verbeteren?
- Welke middelen en ondersteuning kunnen worden geboden om deze doelen te bereiken?

Oefening: Workshop voor het ontwerpen van een prestatiebeoordelingssysteem Doel:

Een transparant en eerlijk prestatiebeoordelingssysteem creëren dat de tevredenheid van medewerkers verhoogt en de algehele prestaties van het bedrijf verbetert.

Stappen:
1. **Teamvergadering:** Roep je team bijeen in een workshop om de belangrijkste prestatiecriteria voor elke functie in het bedrijf vast te stellen.
2. **Vaststellen van criteria:** Bepaal duidelijke prestatiecriteria, inclusief kwantitatieve en kwalitatieve doelen, persoonlijke vaardigheden, en voortdurende leer- en ontwikkelingsactiviteiten.
3. **Handleiding opstellen:** Stel een uitgebreide handleiding op die uitlegt hoe elk criterium moet worden beoordeeld, inclusief voorbeelden van gewenst gedrag.
4. **Organiseer trainingsworkshops:** Organiseer trainingsworkshops voor supervisors en medewerkers om het nieuwe systeem uit te leggen en hoe het effectief kan worden gebruikt.
5. **Feedback geven:** Voer een praktische oefening uit over het geven van constructieve en onmiddellijke feedback, met realistische voorbeelden.

Inspirerende citaten

"Regelmatige evaluatie is niet alleen een meetinstrument, maar een manier om continu te ontwikkelen en te motiveren." - John C. Maxwell

"Eerlijke evaluatie versterkt het vertrouwen en de tevredenheid van medewerkers en motiveert hen om hun beste prestaties te leveren." - Peter Drucker

---

Discussievragen

1. Hoe kan regelmatige evaluatie de tevredenheid en prestaties van medewerkers beïnvloeden?
2. Wat zijn de belangrijkste criteria die moeten worden opgenomen in het prestatiebeoordelingsproces?
3. Hoe kunnen we transparantie en eerlijkheid waarborgen in het prestatiebeoordelingssysteem?
4. Welke voordelen kunnen medewerkers en het bedrijf behalen door een uitgebreid en regelmatig prestatiebeoordelingssysteem toe te passen?
5. Hoe kan onmiddellijke en constructieve feedback de prestaties van medewerkers verbeteren en bijdragen aan hun professionele groei?

Hoofdstuk Dertien: Duurzaamheid en Maatschappelijke Verantwoordelijkheid

Met het voortdurende succes en de groei van het bedrijf, realiseerden Adam en zijn team zich het belang van diepgaander nadenken over de toekomst. Het doel was niet alleen financieel succes, maar ook een positieve impact hebben op de samenleving en het milieu. Daarom besloten ze strategieën te omarmen die gericht zijn op het bevorderen van duurzaamheid en maatschappelijke verantwoordelijkheid van het bedrijf.

De Nieuwe Visie op Duurzaamheid

Adam organiseerde een uitgebreide vergadering met het leiderschapsteam om te bespreken hoe duurzaamheid geïntegreerd kan worden in de strategische visie van het bedrijf. Alle belangrijkste managers en enkele medewerkers waren aanwezig.

"Duurzaamheid is niet alleen een morele plicht, maar ook een kans om innovatie te stimuleren en langdurige waarde te creëren voor het bedrijf en de samenleving," zei Adam bij de aanvang van de vergadering.

Adam: "Hallo allemaal, bedankt dat jullie vandaag hier zijn. Zoals jullie weten, zijn we hier om te bespreken hoe we duurzaamheid kunnen integreren in onze strategische visie. Duurzaamheid is niet alleen een morele plicht, maar ook een kans om innovatie te stimuleren en langdurige waarde te creëren voor het bedrijf en de samenleving."

Layla: "Ik ben het met je eens, Adam. Duurzaamheid kan ons helpen om op de lange termijn kosten te besparen, vooral als we ons richten op efficiënt gebruik van middelen en energie."

Hala: "En ik denk dat klanten bedrijven waarderen die zich bezighouden met duurzaamheid. Dit kan de loyaliteit en het vertrouwen van klanten in ons versterken."

Karim: "Maar hoe beginnen we? Wat zijn de eerste stappen die we moeten nemen om duurzaamheid in onze dagelijkse activiteiten te integreren?"

Adam: "Ten eerste moeten we de belangrijkste focusgebieden identificeren. Deze kunnen het verbeteren van energie-efficiëntie, het verminderen van afval en het gebruik van hernieuwbare bronnen omvatten. Wat denken jullie?"

Sara: "Ik denk dat het verbeteren van de energie-efficiëntie onze prioriteit moet zijn. We kunnen beginnen met het beoordelen van het energieverbruik in elke afdeling en het identificeren van maatregelen om dit verbruik te verminderen."

Yusuf: "We kunnen ook investeren in groene technologie, door energie-efficiënte apparaten en AI-toepassingen te gebruiken om middelen efficiënter te beheren."

Layla: "Daarnaast kunnen we overwegen om afval te recyclen en om te zetten in bruikbare middelen. Dit kan de afvalverwerkingskosten verlagen en nieuwe mogelijkheden creëren voor het gebruik van middelen."

Adam: "Goed, laten we enkele korte- en langetermijndoelen stellen. Bijvoorbeeld, een kortetermijndoel kan zijn om het energieverbruik binnen het komende jaar met 10% te verminderen. Een langetermijndoel kan zijn om het bedrijf binnen vijf jaar over te schakelen op 100% hernieuwbare energiebronnen."

Hala: "We moeten er ook voor zorgen dat medewerkers bij deze initiatieven betrokken zijn. We kunnen bewustwordingsworkshops en interne campagnes organiseren om actieve deelname aan te moedigen."

Karim: "En we moeten ook naar onze toeleveringsketen kijken. We kunnen leveranciers kiezen die voldoen aan duurzaamheidsnormen om ervoor te zorgen dat elke fase van onze productie in overeenstemming is met onze visie."

Sara: "Laten we een duurzaamheidscommissie opzetten met vertegenwoordigers van elke afdeling. Deze commissie zal verantwoordelijk zijn voor het monitoren van de uitvoering van de initiatieven en het regelmatig rapporteren van de voortgang."

Adam: "Geweldig idee, Sara. Laten we bepalen wie in deze commissie zit en volgende week een eerste vergadering houden. Zijn er nog andere suggesties?"

Youssef: "Ik stel ook voor om samen te werken met ngo's of onderwijsinstellingen die advies en hulp kunnen bieden bij de uitvoering van duurzaamheidsprojecten."

Layla: "En we kunnen medewerkers die bijdragen aan nieuwe ideeën om duurzaamheidsdoelen te bereiken, belonen."

Adam: "Uitstekend, het lijkt erop dat we een solide actieplan hebben. Ik zal deze punten documenteren en ze later vandaag met jullie delen in een vervolgvergadering.

Bedankt allemaal voor jullie actieve deelname. Samen kunnen we veel bereiken."

Iedereen: "Dank je, Adam."

Duurzaamheidsdoelen Stellen

De vergadering begon met een brainstormsessie om de belangrijkste duurzaamheidsdoelen vast te stellen. Leila leidde de sessie, waarbij het team prioriteit gaf aan duurzaamheidsinitiatieven die zowel milieu- als sociale aspecten omvatten.

Layla: "Welkom iedereen en bedankt dat jullie er zijn. Zoals jullie weten, zijn we hier vandaag om de duurzaamheidsprioriteiten te identificeren die onze strategische visie zullen sturen. Laten we beginnen met een brainstormsessie om de belangrijkste duurzaamheidsdoelen te bepalen, waarbij zowel milieu- als sociale aspecten aan bod komen. We beginnen met het identificeren van de gebieden die volgens ons het belangrijkst zijn voor ons bedrijf en onze gemeenschap. Heeft iemand eerste suggesties?"

Karim: "Ik denk dat het verbeteren van energie-efficiëntie bovenaan onze prioriteitenlijst moet staan. We kunnen beginnen met het evalueren van het energieverbruik in de verschillende afdelingen en werken aan het verminderen van verspilling."

Sarah: "Ik ben het met Karim eens. Daarnaast kunnen we ons richten op afvalvermindering door recyclingprogramma's te verbeteren en biologisch afbreekbare materialen te gebruiken."

Hala: "Op sociaal gebied kunnen we ons richten op het verbeteren van de werkomgeving en het bevorderen van het welzijn van werknemers. Dit kan mentale gezondheidsprogramma's en professionele training en ontwikkeling omvatten."

Youssef: "We moeten ook niet vergeten hoe technologie kan bijdragen aan duurzaamheid. We kunnen investeren in technologische oplossingen die het energieverbruik verminderen en de operationele efficiëntie verhogen."

Adam: "En wat dacht je van samenwerken met de lokale gemeenschap? We kunnen initiatieven lanceren om onderwijs en training te ondersteunen op het gebied van technologie en milieu."

Layla: "Uitstekend. We hebben nu verschillende gebieden waarop we ons willen concentreren: energie-efficiëntie, afvalvermindering, welzijn van werknemers, investering in technologie en ondersteuning van de gemeenschap. Laten we specifieke doelen stellen voor elk gebied. Wat betreft energie-efficiëntie, welke doelen willen we het komende jaar bereiken?"

Karim: "We kunnen beginnen met het verminderen van het energieverbruik met 15% in het komende jaar door efficiëntere apparaten te gebruiken en verouderde systemen te vervangen."

Sarah: "Wat betreft afvalvermindering zou ons doel kunnen zijn om tegen het einde van het jaar 50% van het bedrijfsafval te recyclen."

Hala: "Voor het welzijn van werknemers kunnen we regelmatig enquêtes houden om de tevredenheid van werknemers te meten en opleidings- en educatieve programma's aanbieden die aan hun behoeften voldoen."

Youssef: "Op het gebied van technologie kunnen we een deel van het R&D-budget toewijzen om duurzame technologische oplossingen te ontwikkelen, zoals slimme energiebeheersystemen."

Adam: "En voor gemeenschapssteun kunnen we trainingsworkshops organiseren in samenwerking met lokale scholen en universiteiten, en studiebeurzen aanbieden op het gebied van technologie en milieu."

Leila: "Geweldig. Laten we samenvatten wat we hebben bereikt:
1. **Energie-efficiëntie:** Verminder het energieverbruik met 15% in het komende jaar.
2. **Afvalvermindering:** Recycle 50% van het bedrijfsafval tegen het einde van het jaar.
3. **Welzijn van Werknemers:** Voer regelmatig enquêtes uit en bied trainings- en opleidingsprogramma's aan.
4. **Investeringen in Technologie:** Wijs een budget toe voor R&D om duurzame technologische oplossingen te ontwikkelen.
5. **Ondersteuning van de Lokale Gemeenschap:** Organiseer trainingsworkshops en bied studiebeurzen aan."

Adam: "Bedankt, Leila, voor het leiden van deze productieve sessie. We hebben nu duidelijke doelen om aan te werken. Ik zal met elke afdeling opvolgen om ervoor te zorgen dat deze doelen worden bereikt. Zijn er nog suggesties of opmerkingen voordat we de vergadering afsluiten?"

Deelnemer: "Ik denk dat we een goed plan hebben. Laten we aan de slag gaan met de uitvoering ervan."

Leila: "We moeten ambitieus, maar tegelijkertijd realistisch zijn. Deze doelen zullen ons helpen bij te dragen aan een duurzamere toekomst. Bedankt allemaal voor jullie deelname. Laten we samenwerken om deze doelen te bereiken en ons bedrijf duurzamer te maken."

Iedereen: "Bedankt, Leila."

Strategische Partnerschappen
Ontwikkelen van Partnerschappen met NGOs
Het team besloot om strategische partnerschappen te ontwikkelen met NGOs en andere bedrijven om duurzaamheidsinitiatieven te versterken. Karim nam contact op met verschillende milieuorganisaties voor advies en samenwerking.

Uitvoering en Follow-up
Uitvoerings- en Follow-upplannen
De teams begonnen met de uitvoering van de vastgestelde duurzaamheidsplannen. Youssef leidde een planningssessie om milieuvriendelijke technologieën in de productieprocessen te implementeren, terwijl Sarah een sessie leidde om opleidingsprogramma's te ontwikkelen die gericht zijn op duurzaamheid en sociale verantwoordelijkheid.

- **Technologieteam:** Ontwikkelen van milieuvriendelijke productietechnologieën, verbeteren van energie-efficiëntie.
- **HR-team:** Organiseren van opleidingsprogramma's over duurzaamheid, bevorderen van diversiteit en inclusie.
- **Financieel team:** Begroten voor groene initiatieven, evalueren van de financiële haalbaarheid van duurzaamheidinvesteringen.

"We moeten toegewijd zijn aan het volgen van de uitvoering van onze plannen en deze indien nodig aanpassen om te zorgen dat we onze doelen bereiken," zei Adam.

Tools en Praktische Oefeningen

Tool: Duurzaamheidsplan-sjabloon

1. **Doelen Stellen:** Wat zijn de belangrijkste duurzaamheidsdoelen die je wilt bereiken?
2. **Strategieën Ontwikkelen:** Welke strategieën ga je gebruiken om deze doelen te bereiken?
3. **Plannen Implementeren:** Welke praktische stappen zijn nodig om deze strategieën uit te voeren?
4. **Voortgang Monitoren:** Hoe wordt de voortgang gemonitord en de resultaten geëvalueerd?
5. **Continue Aanpassingen:** Welke mechanismen gebruik je om je aan te passen aan uitdagingen en de plannen indien nodig aan te passen?

Oefening: Duurzaamheidsworkshop

Verzamel je team in een workshop om duurzaamheidsplannen te identificeren en te ontwikkelen. Gebruik brainstormsessies en samenwerkingsplanning om uitvoerbare strategieën te creëren en de voortgang te volgen.

Inspirerende Citaten

"Duurzaamheid gaat niet alleen om het doen van het juiste; het is ook een pad naar blijvend succes." - Paul Polman

"Elke kleine stap richting duurzaamheid draagt bij aan het creëren van een betere toekomst." - Jacqueline Augustin

---

Discussievragen

1. Hoe kunnen we een cultuur van duurzaamheid binnen ons bedrijf bevorderen?
2. Welke uitdagingen kunnen we tegenkomen bij de uitvoering van duurzaamheidsplannen en hoe kunnen we deze overwinnen?
3. Hoe kunnen strategische partnerschappen bijdragen aan het behalen van duurzaamheidsdoelen?

Hoofdstuk Veertien: Geleerde Lessen en Toekomstvisie

De Reis Evalueren

Samenvatting van Uitdagingen en Successen

Na meerdere jaren van hard werken en voortdurende uitdagingen, kwamen Adam en zijn team samen om de reis te evalueren die ze hadden ondernomen. Het bedrijf had veel transformaties doorgemaakt, te beginnen met verbeterde communicatie en strategische planning, gevolgd door de ontwikkeling van organisatorische capaciteiten en de implementatie van duurzaamheidsinitiatieven.

"Het was een reis vol uitdagingen, maar we hebben veel bereikt dankzij de samenwerking van het team en onze toewijding aan onze visie," zei Adam trots.

Geleerde Lessen

Leren van Ervaringen

Het team besprak de belangrijkste lessen die ze onderweg hadden geleerd:

1. **Het Belang van Effectieve Communicatie:** Iedereen benadrukte dat open en transparante communicatie essentieel was om gemeenschappelijke doelen te bereiken.
2. **Aanpassingsvermogen aan Verandering:** Youssef wees erop dat het vermogen om snel aan te passen aan uitdagingen en veranderingen de sleutel tot hun succes was.

3. **Investering in Training:** Sarah benadrukte dat voortdurende training en vaardigheidsontwikkeling een significante impact hadden op de prestaties van het team.
4. **Inzet voor Duurzaamheid:** Leila sprak over hoe duurzaamheid niet alleen een sociale verantwoordelijkheid was, maar ook een kans om op lange termijn waarde te creëren.

Toekomstvisie

Planning voor de Toekomst

Na het bekijken van de prestaties en geleerde lessen, besprak het team de volgende stappen voor het bedrijf. Iedereen was het erover eens dat ze hun inzet voor innovatie en voortdurende ontwikkeling zouden voortzetten.

"De toekomst is vol kansen, en we moeten klaar zijn om ze te benutten. We zullen ons blijven concentreren op het verbeteren van onze producten en diensten, terwijl we onze duurzaamheid en sociale verantwoordelijkheid versterken," zei Adam.

Praktische Hulpmiddelen en Oefeningen
Hulpmiddel: Prestatiebeoordelingsmodel

1. **Behaalde Doelen Identificeren:** Beoordeel de doelen die in de vorige periode zijn behaald.
2. **Gapanalyse:** Identificeer de kloof tussen de behaalde doelen en de geplande doelen.
3. **Ontwikkel Verbeteringsplannen:** Maak plannen om de prestaties te verbeteren en de kloof te dichten.
4. **Benodigde Middelen Bepalen:** Bepaal welke middelen nodig zijn om de verbeteringsplannen uit te voeren.
5. **Regelmatige Beoordeling:** Stel een schema op voor regelmatige prestatiebeoordelingen.

Oefening: Prestatiebeoordelingssessie

Verzamel je team voor een prestatiebeoordelingssessie en beoordeel de behaalde doelen. Gebruik het Prestatiebeoordelingsmodel om successen en uitdagingen te identificeren en plannen voor voortdurende verbetering te ontwikkelen.

Inspirerende Citaten

"Voortdurend leren is de sleutel tot succes in een snel veranderende wereld." - John C. Maxwell

"Visie zonder uitvoering is een droom; uitvoering zonder visie is een nachtmerrie." - Thomas Edison

Discussievragen

1. Hoe kunnen we de communicatie binnen het team blijven verbeteren?
2. Welke stappen kunnen we nemen om duurzaamheid in alle aspecten van ons werk te bevorderen?
3. Hoe kunnen we ervoor zorgen dat we ons blijven inzetten voor onze visie en toekomstige doelen?

Conclusie

Aan het einde van dit boek wordt duidelijk dat de weg naar vooruitgang niet zonder uitdagingen en moeilijkheden is. Maar door ons in te zetten voor continu leren en ons aan te passen aan veranderingen, vinden we onszelf uitgerust met de benodigde tools om elke uitdaging aan te gaan. Uit eerdere ervaringen hebben we geleerd dat open communicatie, investeren in innovatie en een toewijding aan duurzaamheid de sleutels tot succes zijn in een wereld die van ons vraagt om met vertrouwen en geloof in onze capaciteit voor positieve verandering vooruit te kijken.

Elke les en elk advies in dit boek moet worden gezien als een stap in de richting van vooruitgang en ontwikkeling. We moedigen u aan om ze te beschouwen als een gids in uw persoonlijke en professionele reis. De toekomst wacht ons op met zijn kansen en uitdagingen, en als we obstakels kunnen overwinnen en een balans kunnen vinden tussen innovatie en duurzaamheid, zullen we op de juiste weg zijn om een betere wereld voor iedereen te bouwen.

www.ingramcontent.com/pod-product-compliance
Lightning Source LLC
Chambersburg PA
CBHW052205220526
45471CB00004B/1830